"十二五"职业教育国家规划教材 修订版
经全国职业教育教材审定委员会审定

会计基础与实务

第2版

主 编 宋 洁 王 茜

副主编 宋 波 张 颖 徐 扬

参 编 沈培强 姚 硕 殷慧敏

机械工业出版社

本书结合高等职业教育学生的认知特点，以立德树人为中心环节，以非会计人员学会如何运用会计信息为主线，贯穿"会计为企业经营管理提供信息"的理念。从教学层面看，本书内容遵循课程教学规律和教学内容要求，从非会计人员必备会计基本理论知识和实务操作技能入手，创新加入管理会计内容，同时有机融入思政元素，使学生在了解会计基本理论与实务的基础上，具备为企业经营管理获取必要的会计信息，利用会计信息进行财务分析、预测和决策能力，实现知识传授、能力培养和价值引领的有机统一。

本书将会计知识与技能体现在通俗的语言、生动的案例中。考虑到读者层次不同，分别选用深度不同的案例材料和实例，配合技能训练，力图做到由浅入深、系统完整，同时注重实务性、可操作性，使教学内容得以精简，更有利于非会计专业学生在较短的时间内学习、理解会计知识。

为适应数字化教学的需要，同时便于学生自主学习，本书中的案例分析、课堂思考等配有二维码，扫一扫即有分析过程与答案。同时本书注重将思政元素与专业知识点有机结合，以提升职业教育专业课程教材铸魂育人的价值。

本书可供高等职业教育非会计专业学生使用，也可供会计专业的学生使用，还可以作为企业管理人员、非会计人员在职培训教材、自学参考读物或业务参考用书。

为方便教学，本书配备电子课件、习题答案等教学资源。凡选用本书作为教材的教师均可登录机械工业出版社教育服务网www.cmpedu.com下载。咨询电话：010-88379375；联系QQ：945379158。

图书在版编目（CIP）数据

会计基础与实务/宋洁，王茜主编．—2版．—北京：机械工业出版社，2022.1

"十二五"职业教育国家规划教材：修订版

ISBN 978-7-111-70013-5

Ⅰ．①会⋯ Ⅱ．①宋⋯②王⋯ Ⅲ．①会计学—高等职业教育—教材 Ⅳ．①F230

中国版本图书馆CIP数据核字（2022）第013296号

机械工业出版社（北京市百万庄大街22号 邮政编码100037）

策划编辑：孔文梅　　　　　责任编辑：孔文梅　乔　晨
责任校对：李　伟　王明欣　封面设计：鞠　杨
责任印制：单爱军

河北宝昌佳彩印刷有限公司印刷

2022年4月第2版第1次印刷

184mm×260mm・11印张・255千字

0 001—1 900册

标准书号：ISBN 978-7-111-70013-5

定价：39.80元

电话服务	网络服务
客服电话：010-88361066	机 工 官 网：www.cmpbook.com
010-88379833	机 工 官 博：weibo.com/cmp1952
010-68326294	金 书 网：www.golden-book.com
封底无防伪标均为盗版	机工教育服务网：www.cmpedu.com

前　言

本书紧密围绕高等职业教育教材建设要求，在收集大量资料、调查研究和认真总结实际教学经验的基础上，配合国家精品资源共享课程、省精品在线开放课程、省课程思政示范课程建设，编写完成的与课程标准相匹配的高等职业教育教材。本书以立德树人为根本，选取内容以学生未来的发展和知识的必需、够用为度，内容设计以激发学生学习积极性为目标，根据学生的学习特点以及职业技能培养和职业素养养成规律，进行内容整合，优化教学内容，把非会计专业学生的知识能力要素落实到教材体系中，将思政元素有机融入，实现社会主义核心价值观、职业道德的教育。

第2版总体沿袭第1版的框架思路，在结构上注重内容的全面性与精练性，紧跟财政部会计政策和会计准则的最新变化，对任务内容进行了更新和调整。同时根据近年来"互联网+"和课程思政教育发展，既充分利用信息技术创新教材形态，如案例分析、课堂思考等配二维码，又明确各任务素质目标，寓价值观引导于知识点中，使学生在求知中接受熏陶，启发学生自觉认同。

本书在形式上分为四个模块，突出非会计专业与会计知识相关程度较高的内容，力求形成自身的特色。

（1）产教融合、紧跟政策，体现人才培养目标。本书由具有多年教学经验的教师和行业、企业专家共同进行大纲的规划和设计，力图做到由浅入深、系统完整，同时注重实务性和可操作性，使教学内容得以精简，更有利于非会计专业学生在较短的时间内学习、理解应掌握的知识。近年来会计变化较大，如增值税税率、财务报表格式等，本书在内容上根据目前财政部最新的会计政策和会计准则进行了及时更新。

（2）立德树人、有机融合，符合课程思政要求。坚持立德树人，每门课都承担起育人责任。本书由马克思主义学院专职教师姚硕参与编写，实现与思政课程同向同行，形成协同效应。教学任务开始明确素质目标，每个任务都有"思政元素"融入会计知识点中，任务结束加入"职业素养"，力求思政贯穿于任务的全过程，发挥本书培根铸魂、启智增慧的作用，构建全员、全程、全方位育人大格局。

（3）内容全面、理实结合，突出实践能力培养。本书加强会计与管理的联系，充分考虑非会计专业学生就业多样化特点，满足学生掌握会计信息的处理、把握要求，提高管理、决策和控制风险的能力需求，促使不同学科知识间的相互融通。同时基于工作流程设计内容，更有利于非会计专业学生在较短时间内掌握学习内容。将会计知识与技能体现在通俗的语言和生动的案例中。考虑到读者层次不同，分别选用深度不同的阅读材料和实例，配合技能训练。

（4）融合技术、创新形态、满足"互联网+"教育。本书通过移动互联网技术，以嵌入二维码的纸质教材为载体，嵌入课堂讨论、案例分析等数字资源，将教材、课堂、教学资源三者融合，形成"纸质教材+多媒体平台"的新形态一体化教材。本书配套的"会计基础与实务"作为浙江省首批精品在线开放课程，拥有与教材内容同步的功能齐全、方便实用的教学资源平台（浙江省高等学校在线开放课程共享平台，网址：https://www.zjooc.cn/course/2c9180827e9de8ac017f069ef95d4167），不仅有利于教师的教学，也有利于学生和社会学习者进行自主学习、训练和能力拓展。

本书内容全面，适用面广，可作为高等职业教育学生的教学用书，也可作为企业管理人员、非会计人员在职培训教材或自学参考读物。

本书由浙江经济职业技术学院宋洁、王茜任主编，宋波、张颖、徐扬任副主编。具体编写分工如下：宋洁、王茜编写模块一，徐扬、宋洁编写模块二、宋波编写模块三，张颖编写模块四。浙江天健会计师事务所沈培强高级会计师、浙江经济职业技术学院马克思主义学院专职教师姚硕、浙江经济职业技术学院教师殷慧敏参与了本书大纲的规划和部分内容的编写，全书由宋洁总纂、修改和定稿。本书在编写过程中参阅了大量文献资料，在此向作者表示感谢。

为方便教学，本书配备电子课件、习题答案等教学资源。凡选用本书作为教材的教师均可登录机械工业出版社教育服务网www.cmpedu.com下载。咨询电话：010-88379375；联系QQ：945379158。

由于编者水平有限，书中不足之处在所难免，敬请读者批评指正。

编　者

二维码索引

序号	名称	二维码	页码	序号	名称	二维码	页码
1	二维码1-1 引导案例答案		2	11	二维码1-11 课堂思考答案		22
2	二维码1-2 课堂思考答案		2	12	二维码1-12 引导案例答案		24
3	二维码1-3 引导案例答案		5	13	二维码1-13 课堂思考答案		25
4	二维码1-4 课堂思考答案		8	14	二维码1-14 课堂思考答案		28
5	二维码1-5 引导案例答案		12	15	二维码1-15 会计分录举例		28
6	二维码1-6 课堂思考答案		12	16	二维码1-16 课堂思考答案		31
7	二维码1-7 课堂思考答案		12	17	二维码1-17 课堂思考答案		32
8	二维码1-8 课堂思考答案		14	18	二维码1-18 课堂思考答案		35
9	二维码1-9 常用会计科目及解释		16	19	二维码1-19 课堂思考答案		36
10	二维码1-10 课堂思考答案		18	20	二维码1-20 案例分析解析		39

（续）

序号	名称	二维码	页码	序号	名称	二维码	页码
21	二维码2-1 引导案例答案		48	32	二维码2-12 课堂思考答案		80
22	二维码2-2 课堂思考答案		50	33	二维码2-13 引导案例答案		85
23	二维码2-3 课堂思考答案		58	34	二维码2-14 课堂思考答案		92
24	二维码2-4 课堂思考答案		58	35	二维码2-15 课堂思考答案		92
25	二维码2-5 课堂思考答案		58	36	二维码2-16 课堂思考答案		93
26	二维码2-6 课堂思考答案		59	37	二维码2-17 课堂思考答案		99
27	二维码2-7 引导案例答案		60	38	二维码2-18 案例分析解析		104
28	二维码2-8 课堂思考答案		75	39	二维码3-1 引导案例答案		115
29	二维码2-9 课堂思考答案		76	40	二维码3-2 课堂思考答案		121
30	二维码2-10 课堂思考答案		76	41	二维码3-3 课堂思考答案		122
31	二维码2-11 课堂思考答案		78	42	二维码3-4 课堂思考答案		122

（续）

序号	名称	二维码	页码	序号	名称	二维码	页码
43	二维码3-5 课堂思考答案		123	53	二维码4-6 课堂思考答案		150
44	二维码3-6 课堂思考答案		123	54	二维码4-7 课堂思考答案		151
45	二维码3-7 课堂思考答案		124	55	二维码4-8 课堂思考答案		151
46	二维码3-8 案例分析解析		136	56	二维码4-9 引导案例答案		152
47	二维码3-9 课堂思考答案		136	57	二维码4-10 课堂思考答案		154
48	二维码4-1 引导案例答案		143	58	二维码4-11 课堂思考答案		155
49	二维码4-2 课堂思考答案		147	59	二维码4-12 课堂思考答案		157
50	二维码4-3 课堂思考答案		148	60	二维码4-13 课堂思考答案		157
51	二维码4-4 课堂思考答案		149	61	二维码4-14 案例分析解析		158
52	二维码4-5 课堂思考答案		149				

目录

前言

二维码索引

模块一　企业经济活动与会计　/1
　　任务一　认知企业经济活动　/2
　　任务二　认知会计工作基本要求　/5
　　任务三　认知会计核算基础知识　/11
　　任务四　认知会计记账原理　/23
　　案例分析　/39
　　测试题　/39

模块二　企业经济活动与会计循环　/47
　　任务一　填制与审核会计凭证　/48
　　任务二　登记会计账簿　/60
　　任务三　编制财务报表　/85
　　案例分析　/103
　　测试题　/107

模块三　企业经济活动与财务分析　/114
　　任务一　财务报表分析　/115
　　任务二　财务报表结构分析和趋势分析　/128
　　任务三　财务报表比较分析　/133
　　案例分析　/136
　　测试题　/137

模块四　企业经济活动与经营管理　/142
　　任务一　本量利分析　/143
　　任务二　短期经营决策分析　/152
　　案例分析　/158
　　测试题　/159

参考文献　/166

模块一
Modular One

企业经济活动与会计

学习目标

知识目标
- 熟悉企业资金运动过程
- 理解企业会计工作流程
- 掌握会计记账原理

技能目标
- 能熟悉企业经济活动相关流程
- 能熟练运用借贷记账法
- 能熟练掌握企业会计核算方法

素质目标
- 理解职业道德与职业素养的具体内涵
- 弘扬以爱国主义为核心的民族精神
- 养成自觉践行社会主义核心价值观的良好习惯

任务一　认知企业经济活动

引导案例

二维码1-1
引导案例答案

王正华、魏宏宇和徐健飞三位工程专业大学毕业生，为响应国家"大众创业、万众创新"的号召，决定自主创业成立一家生产电子设备的企业，开始人生的新旅程。王正华准备拿出20万元现金，魏宏宇准备拿出一辆价值20万元的汽车，徐健飞准备拿出一项价值20万元的专利技术，共同作为企业的注册资本。通过一系列规范注册流程，他们于2021年4月成立了浙江正格电子设备有限责任公司（以下简称"浙江正格"）。

案例思考：
公司成立后，王正华、魏宏宇和徐健飞三人还需要招聘员工，请帮他们想想是否需要财务人员，如果需要，应招聘具备什么职业素质的人员？

一、企业经济活动

浙江正格电子设备有限责任公司成立后，招聘了张婷芳任财务部的会计，陈玉琳任财务部的出纳，魏宏宇兼任财务审核工作。财务人员开始对公司经济活动中所发生的业务进行会计处理。

企业经济活动是指以企业为载体，为了获得最大的物质利益，企业经营者用最少的物质消耗创造出尽可能多的，能够满足人们各种需要的产品的经济活动。一个单位能够用货币表现的经济活动，具体包括资金的进入和退出、资金在单位内部的循环和周转。而具体到企业、事业和行政单位，三者间又有较大差别。即使同样是企业，工业、农业、商业、交通运输业、建筑业及金融业等也均有各自资金运动的特点，其中尤以工业企业最具代表性。下面以工业企业为例，说明企业的资金运动过程。

1. 资金投入

工业企业是从事工业产品生产和销售的营利性经济组织。为了从事产品的生产与销售活动，企业必须拥有一定数量的资金。企业从外部筹集资金主要有两个渠道：一是债权人对企业的投资，即企业向金融机构、其他法人或个人举债，会计上通常称为负债；二是企业主即企业所有者对企业的投资，会计上通常称为所有者权益。

二维码1-2
课堂思考答案

课堂思考
浙江正格的资金是以何种方式筹集的？筹集的资金是以什么形态存在的？

2. 资金运用

资金进入企业后，随着生产经营活动的进行，其形态不断发生变化。工业企业的生产经营过程分为供应、生产和销售三个阶段。

在供应过程中，企业主要的经济活动是原材料的采购和储存，通过支付材料价款、支付采购费用和材料验收入库等业务，现金、银行存款转化为原材料，企业的资金由货币资金转化为储备资金。

在生产过程中，企业主要的经济活动是生产产品，企业生产领用原材料，工人利用劳动手段加工劳动对象，使原材料变成产成品入库。通过原材料的耗用、工资支付、固定资产磨损，及水、电、动力费用的支付等业务，企业的储备资金、货币资金和固定资产转化为生产资金，表现为产品形态，同时形成了一些不计入产品成本的管理费用和财务费用；在产品加工完成为商品，企业的资金就由生产资金转化为商品资金。

在销售过程中，企业主要的经济活动是销售商品，通过销售商品取得收入，企业的资金由商品资金转化为货币资金，同时销售过程要支付广告宣传、运输和包装等费用而形成销售费用，企业取得的货币资金用以抵补生产成本及销售费用、管理费用和财务费用之后，就可以计算出企业的经营成果。

3. 资金退出

企业在正常的生产经营活动过程中，由于种种原因，资金需要退出企业，不再参与企业的经济活动，如偿还借款、缴纳税金、分配利润、派发股利和减资等。

上述资金的运动过程如图1-1所示。在上述过程中，由于资金的投入、运用和退出等经济活动所引起的各项财产和资源的增减变化情况，在经营过程中各项生产费用的支出和产品成本形成的情况，以及企业销售收入的取得和企业纯收入的实现分配情况，构成了工业企业会计的具体对象。

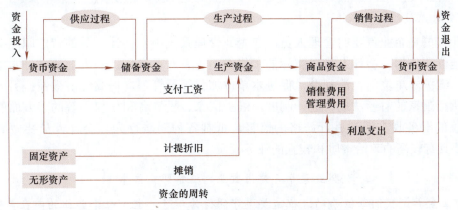

图1-1 工业企业经营资金运动过程

工业企业的资金从货币资金开始，依次转化为储备资金、生产资金和商品资金，最后又形成货币资金。会计必须要依次反映这些阶段的经济活动。

| 实务提醒 |

即使不是会计人员，如果你想创业，也必须要清楚企业的经营活动，而企业的经营活动过程就是企业的资金运动过程，哪些环节发生了怎样的资金流转和资金形态的改变，都是大家需要掌握的知识。

二、会计职业

1. 会计职业概述

会计职业是伴随着人们的生产实践和管理需要而产生、发展并不断完善起来的。会计职业既是传承历史的职业，又是与时俱进的职业。会计的萌芽源于人们有了数字的概念，但其真正成为一种职业，应该是在出现剩余价值后的原始社会晚期。1894年，苏格兰爱丁堡会计师公会的成立，标志着会计开始作为一种专门的职业而存在。

会计职业是指个人在社会中所从事的作为主要生活来源的会计工作。会计职业者属于专业技术人员之列。对从事具体会计工作的会计职业者，按职业立场标准可划分为企业会计师和注册会计师两类。会计职业技术职称具有层次性，按照我国对会计专业技术职称的管理办法，可以分为助理会计师、会计师和高级会计师。

2. 会计职业道德

职业道德是人们在从事各种特定的职业活动过程中应遵循的道德规范和行为准则的总和。职业道德是随着社会分工的出现而形成和发展起来的，是同职业联系在一起的。职业道德来源于职业实践，会计职业道德亦是如此。会计职业道德的形成取决于会计职业的产生，它是会计人员在长期的职业活动中逐步形成和总结出来的，用以调整会计人员与社会之间、会计人员个人之间、个人与集体之间的职业道德，是主观意识和客观行为的统一。

| 课堂思考 |

请结合你的理解谈谈你所学专业的职业道德主要是什么？

3. 会计人员

会计人员是企业重要的管理人员。在企业管理系统中，会计人员的特定职能决定了其特定的地位和作用。会计人员在实际的工作中，负有双重责任，一方面要做好本单位的会计工作，维护本单位的合法利益，促进本单位加强经营管理，提高经济效益；另一方面又要严格执行国家的财经法规、会计制度，维护国家、投资者和债权人等的多方面的利益，对本单位的财务收支活动进行严格的监督，抵制各种违法行为。会计人员要做好上述工作，就要具有较高的政治素质和较强的业务素质。

| 职业素养　爱岗敬业，培养职业素养 |

职业素养是我们每位劳动者都需要遵守的行为规范，也是每个职业的内在要求。现代企业要求从业人员务必拥有良好的职业道德和职业能力。良好的职业素养也会在你们今后的职业生涯发展中起到至关重要的作用。

在职业素养中，爱岗敬业尤为重要，爱岗敬业不仅是个人生存和发展的需要，也是社会存在和发展的需要。因为每个工作岗位的存在，往往也是人类社会存在和发展的需要。

爱岗敬业要求每位劳动者务必在各自工作岗位上勤勤恳恳，不断钻研学习，一丝不苟，精益求精。当下民族复兴的伟业正呼唤着具有爱岗敬业这种平凡而伟大的奉献精神的人。让我们成为具备爱岗敬业这种平凡而伟大的奉献精神的人，撸起袖子加油干，为伟大祖国的建设添砖加瓦。

模块一　企业经济活动与会计　5

任务总结

中国人常说"亲兄弟，明算账"，就是说亲兄弟间也要明明白白"算账"。同时经济越发展，会计越重要，在当今全球经济一体化趋势的社会背景下，无论是投资人还是债权人，都需要掌握会计信息，能够看懂企业财务状况、经营成果和现金流量。让我们一起加油，从认知企业经济活动开始，通过掌握会计信息处理程序和技术方法，结合自身的专业知识，熟练分析和运用会计信息。

任务二　认知会计工作基本要求

引导案例

> 2021年6月浙江正格业务一部取得收入200 000元，业务二部取得收入190 000元，这两个部门当月均购进了100 000元的货物，都发生了40 000元费用。其中业务一部发生的是办公费40 000元；业务二部发生了办公费20 000元，下季度房租费20 000元。假设均没有其他开支，月末计算损益时，业务二部的收益高于业务一部。
>
> **案例思考：**
> 从经营过程看，业务一部比业务二部取得了更多的收入，为什么从收益计算的结果看，业务二部反而比业务一部高？

二维码1-3
引导案例答案

一、会计概述

在实际工作中，浙江正格财务部人员需要通过一系列的会计工作对公司的业务进行核算。为了能够更好地帮助大家理解她们所做的会计工作，有必要先掌握以下几个内容：会计的概念和职能、会计工作规则、会计核算方法体系等。

（一）会计的发展

会计是随着社会经济的发展而产生和发展起来的。早期的会计只是生产活动的附带部分，随着生产力的进一步发展，记录和计量活动逐渐从生产中分离出来，出现了独立从事对生产过程和劳动成果进行记录的簿记工作的专门人员。

我国西周时设有专职的"司书"和"司会"官职，负责对政府的财政收支进行记录与核算，并定期向统治者报告。唐宋时期，出现了"四柱结算法"，官厅中办理钱粮报销或移交，要编造"四柱清册"，将全部经济活动分为"旧管""新收""开除"和"实在"四个方面，其基本关系是"旧管+新收-开除=实在"，通过四柱平衡公式，结算财产物资增减变化及其结果。"四柱结算法"说明我国古代会计已经发展到相当高的水平。明清时期，出现了"龙门账"和"四脚账"，对各项经济业务分别就"来"和"去"两个方面进行反映，标志着我国复式记账法的正式产生。

在欧洲，复式簿记诞生于资本主义萌芽时期的意大利，1494年意大利数学家卢卡·帕乔利出版了《算术、几何和比例概要》，详细地阐述了借贷记账原理，标志着现代会计的正式产生，卢卡·帕乔利也被后人尊为会计学之父。

20世纪20年代后，随着经济的发展，会计进一步形成财务会计和管理会计两大分支，前者又称对外报告会计，主要向企业外部利益集团提供相关会计信息，后者则主要侧重于为企业内部的预测、决策、规划与控制提供信息，所以又称为对内会计。

> **知识链接**
>
> **我国先人的智慧：结绳记事**
>
> "上古结绳而治，后世圣人易之以书契。"意味着我国先人在文字出现之前，曾用结绳的方法形成信息交流的记事模式。
>
> 我国古代云南地区的佤族人利用一根绳索记载与清算债权、债务账目。佤族结绳账目的绳索分三部分，分别代表金额、利息和时间。例如，绳索的左边三大结用以表示借出3元，中间一大结一小结则表示利息为半年1.5元，右边三大结用以表示已借出3年。"结绳记事"被称为会计的萌芽。

（二）会计的概念

会计是以货币为主要计量单位，采用专门方法和程序，对企业和行政、事业单位的经济活动进行完整、连续、系统的核算和监督，以提供经济信息和反映受托责任履行情况为主要目的的经济管理活动。会计具有以下特点：

1. 以货币为主要计量单位

经常采用的计量单位主要有三种，分别是实物量度、劳动量度和货币量度。实物量度指的是千克、米、件等，劳动量度指的是工作日、工时等。货币是一般等价物，具有价值尺度的功能，能够将各项指标都利用价值进行确认，因此以货币作为统一的计量单位来进行核算是会计的一个重要特点。

2. 具有完整性、连续性、系统性

会计在利用货币量度计算和监督经济活动时，以经济业务发生的时间先后为顺序，连续、不间断地进行登记，对每一次经济业务都无一遗漏地进行登记，不能任意取舍，要做到全面、完整。登记时，要进行分类整理，使之系统化，而不能杂乱无章，并通过价值计量进行综合、汇总，以完整地反映经济活动的过程和结果。

3. 以凭证为依据

会计的任何记录和计量都必须以会计凭证为依据，这就使会计信息具有真实性和可验证性。只有经过审核无误的原始凭证（凭据）才能据以编制记账凭证、登记账簿，进行加工处理。这一特征也是其他经济管理活动所不具备的。

（三）会计的职能

《中华人民共和国会计法》（以下简称《会计法》）规定："会计机构、会计人员依照本法规定进行会计核算，实行会计监督。"《会计法》将会计的基本职能表述为核算和监督，当然随着社会经济的发展，会计又产生了预测、控制、分析等新职能。

1. 核算职能

核算职能又称为反映职能,是指会计对经济活动进行确认、计量、记录与报告。一般来说会计首先是对原始凭证进行审核,编制记账凭证,在真实完整的基础上进一步在账簿中登记,最后再将账簿记录进行分析汇总,编制财务报表,通过财务报表向单位内部和外部的有关方面提供本单位的财务信息,这就是会计的核算职能。会计核算的基本要求是真实、准确、完整、及时。

2. 监督职能

监督职能是指利用会计核算所提供的各种会计信息,按照一定的目的和要求,对企事业单位的经济活动过程进行控制、指导和纠正,使之达到预期经营目标的功能。监督从时间上可分为事前监督、事中监督和事后监督;从监督的主体上可分为单位内部监督、社会公众监督和政府监督。其最终目的都是保证单位在合法、合规运营的前提下,力求提高经济效益。

| 实 务 提 醒 |

作为会计基本职能的核算职能和监督职能是相辅相成、辩证统一的关系。会计核算是会计监督的基础,没有核算所提供的各种信息,监督就失去了依据;而会计监督又是会计核算质量的保障,只有核算、没有监督,就难以保证核算所提供信息的真实性、可靠性。

3. 其他职能

随着经济的发展,企业对管理的要求也越来越高,这也推动了会计职能的进一步发展,现代会计在原有的核算与监督职能的基础上,又进一步在参与管理方面产生了很多新的职能,主要包括会计评价职能、会计预测职能和会计决策职能。

(1) 会计评价职能是指利用会计核算所提供的财务状况、经营成果、现金流量等信息对单位经营业绩进行客观评价的职能。

(2) 会计预测职能是指利用会计所掌握的各种价值信息和有说服力的方法,以及会计对经济前景的特有敏感性,对经济前景进行科学的分析与判断的职能。

(3) 会计决策职能是指利用会计预测的信息资料,围绕经营目标,提出各种可行性方案,并对其进行分析、对比、选优,从而为管理当局进行决策提供依据的职能。

二、会计工作规则

(一) 会计基本假设和会计基础

1. 会计基本假设

会计核算的基本前提也称会计基本假设,是指为了进行会计核算,事先对核算的时间范围、空间范围、计量方式等方面做一些假设和限制。会计核算对象的确定、会计方法的选择、会计数据的搜集都是以这一系列的前提为依据的。

（1）会计主体。会计主体是指会计工作所服务的特定单位。会计主体应具备三个条件：实行独立核算，并能独立计算盈亏；进行独立的生产经营活动；具有一定数量的资金。会计主体可以是一个法律主体，也可以是企业内部一个独立核算的单位、部门。

简单地说，会计主体这一前提就是限定了会计为谁服务、核算谁的业务，确定会计核算的空间范围，分清经济责任。会计人员是站在特定会计主体的立场，核算特定主体的经济活动。

（2）持续经营。一般情况下，应当假定企业将会按当前的规模和状态经营下去，使企业对资产能够按照历史成本计价和折旧，费用能够定期进行分配，负债能够按期偿还，否则正常的核算就无法进行。

这其实很好理解，只有相信企业会不断经营下去，投资者才会投资，投入的钱才能收回，债务才能被清偿，最后才会有利润产生。

（3）会计分期。企业是连续不断地经营下去的，那么我们如何才能知道经营是亏是盈，总不能等经营到最后关门清算了才清楚，所以我们必须人为地把连续的经营期划分为好多段，这就是会计分期。

会计期间分为年度、半年度、季度和月度，其起讫的日期按公历日期，我国《会计法》规定以公历1月1日到12月31日为一个会计年度，半年度、季度和月度称为会计中期。

（4）货币计量。企业的财产种类很多，计量单位各不相同，有"件""台""吨"等，这样会计提供信息就不方便了，我们只要统一计算出值多少钱，就简便了。用货币计量来反映具有不可替代的综合性。

在我国，会计核算以人民币为记账本位币。业务收支以外币为主的企业，也可以某种外币为记账本位币，但编制财务报表时应当折算为人民币反映。在境外设立的中国企业向国内有关部门报送财务会计报告，应当折算为人民币反映。

2. 会计基础

企业会计的确认、计量和报告应当以权责发生制为基础。权责发生制要求，凡是当期已经实现的收入和已经发生或应当负担的费用，无论款项是否收付，都应当作为当期的收入和费用，计入利润表；凡是不属于当期的收入和费用，即使款项已在当期收付，也不应当作为当期的收入和费用。在实务中，企业交易或者事项的发生时间与相关货币收支时间有时并不完全一致。例如：款项已经收到，但销售并未实现；或者款项已经支付，但并不是为本期生产经营活动而发生的。为了更加真实、公允地反映特定会计期间的财务状况和经营成果，《企业会计准则——基本准则》（以下简称《基本准则》）明确规定，企业在会计确认、计量和报告中应当以权责发生制为基础。

收付实现制是与权责发生制相对应的一种会计基础，它是以收到或支付现金作为确认收入和费用的依据。目前，我国的行政单位会计采用收付实现制，事业单位会计除经营业务可以采用权责发生制外，其他大部分业务采用收付实现制。

二维码1-4
课堂思考答案

| 课堂思考 |

本期销售产品货款尚未收到，是否能确认为本期的销售收入？本期用银行存款支付下期报刊费，是否能确认费为本期的费用？

（二）会计信息质量要求

会计信息质量要求是对企业财务报告中所提供会计信息质量的基本要求，是使财务报告中所提供会计信息对投资者等信息使用者决策有用应具备的基本特征。根据《基本准则》规定，会计信息质量要求包括可靠性、相关性、可理解性、可比性、实质重于形式、重要性、谨慎性和及时性。其中，可靠性、相关性、可理解性和可比性是会计信息的首要质量要求，是企业财务报告中所提供会计信息应具备的基本质量特征；实质重于形式、重要性、谨慎性和及时性是会计信息的次级质量要求，是对可靠性、相关性、可理解性和可比性等首要质量要求的补充和完善，尤其是在对某些特殊交易或者事项进行处理时，需要根据这些质量要求来把握其会计处理原则。另外，及时性还是会计信息相关性和可靠性的制约因素，企业需要在相关性和可靠性之间寻求一种平衡，以确定信息及时披露的时间。

1. 可靠性

可靠性是指会计信息必须真实可靠。对会计要素的确认和计量要遵循会计要素定义的要求，使其在财务报告上所反映的各项会计要素均符合其质量特征，不能错误引导用户的判断，不能进行虚假的误导性陈述，也不得有重大遗漏。财务报表应当全面反映企业的财务状况和经营成果，对于重要的经济业务应当单独反映；会计核算应当以实际发生的经济业务为依据，如实反映企业的财务状况和经营成果。可靠性是会计的本质属性，是会计信息的灵魂。

2. 相关性

相关性要求会计信息应当符合国家宏观经济管理的要求，即要求企业在收集、加工、处理、传递会计信息的过程中，要考虑使用者对会计信息要求的不同特点，以确保企业内外有关各方面对会计信息的相关需要，按投资者、经营者、政府部门对会计信息的要求形成一个会计信息流。会计信息能够帮助使用者评价过去、现在和未来事项并预测其发展趋势，从而影响基于这种评价和预测所做出的决策。

3. 可理解性

可理解性要求企业提供的会计信息应当清晰明了，便于投资者等财务报告使用者理解和使用。企业编制财务报告、提供会计信息的目的在于使用，而要使使用者有效使用会计信息，应当能让其了解会计信息的内涵，弄懂会计信息的内容，这就要求财务报告所提供的会计信息应当清晰明了，易于理解。只有这样，才能提高会计信息的有用性，实现财务报告的目标，满足向投资者等财务报告使用者提供决策有用信息的要求。

4. 可比性

可比性要求同一会计主体其前后期会计信息保持可比，或两个不同的会计主体同一时期的会计信息保持可比。鉴于我国会计信息使用者受教育程度不同及理解力的差异，强调会计信息的可比性更有利于他们理解和使用可靠和相关的会计信息；加之我国企业所有制形式多元化的特点，决定了会计信息还具有利益协调和参与分配的作用，强调会计信息的可比性，更有利于加强我国政府的宏观调控作用及协调各方面的利益。

5. 实质重于形式

企业应当按照交易或者事项的经济实质进行会计确认、计量和报告，不应仅以交易或者事项的法律形式为依据。

企业生产需要一套生产设备，价值高，无力购买，从融资租赁公司租用这套生产设备，虽然从法律形式上来讲，承租企业并不拥有其所有权，但是由于租赁合同中规定的租赁期相当长，接近于该资产的使用寿命；承租企业按期支付的租赁费具有分期支付固定资产价款的性质，属于资本性支出；租赁期结束时，承租企业有优先购买该资产的选择权；在租赁期内，承租企业有权支配资产并从中受益。从其经济实质来看，企业能够控制其创造的未来经济利益。因此，会计核算上将以融资租赁方式租入的固定资产视同自有固定资产，进行计提折旧和大修理费用等核算。

6. 重要性

企业提供的会计信息应当反映与企业财务状况、经营成果和现金流量等有关的所有重要交易或者事项。企业进行会计核算也要考虑成本问题，如果事无巨细都详尽反映，那么会计核算就要增加很多人力和财力，所以在不影响信息使用者正确理解的前提下，重要的事项要详细反映，不重要的就可合并或简化反映。

7. 谨慎性

企业对交易或者事项进行会计确认、计量和报告应当保持应有的谨慎，不应高估资产或者收益、低估负债或者费用。通俗地说，就是会计核算不能太乐观，要保守一些，如客户欠企业的钱，企业要估计收不回来的可能性，并做相应的准备。

8. 及时性

及时性是指财务报表的编制、报送要及时，即在会计年度终了较短时间内报送财务报表。会计信息的及时性是信息质量的重要要求，随着经济的发展，信息使用者对信息的及时性要求越来越高。反映经济业务的会计信息是经常变化的，这就要求企业在发展过程的一定阶段应披露会计信息，过时的信息是无效的。

三、会计核算方法体系

会计核算方法是对会计对象的经济业务进行完整、连续、系统的记录和计算，为经营管理提供必要信息所采用的方法，一般包括设置会计科目和账户、复式记账、填制和审核凭证、登记账簿、成本计算、财产清查、编制财务报表七个方面。上述七种方法相互联系、密切配合，构成了一个完整的会计核算流程，如图1-2所示。

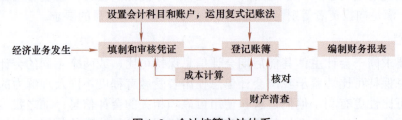

图1-2 会计核算方法体系

会计核算方法体系，在操作中的程序表现为：当经济业务发生后，经办人员填制或取得原始凭证，进而会计人员编制记账凭证，并据以登记会计账簿。对于生产经营过程中发生的各项费用，要进行成本计算。对于账簿的记录，要通过财产清查加以核实，在保证账实相符的基础上，定期编制财务报表。

我们可以看出，对于会计工作人员来说，整个会计核算流程不外乎三个环节：填制和审核会计凭证，登记账簿，编制财务报表。（全面详细的会计核算流程将在模块二阐述）。

| 职业素养　坚守规则，牢记行业使命 |

> 新冠肺炎疫情全球蔓延，作为较早向国际社会通报疫情、较早迎战疫情的国家之一，我国全民动员、举国上阵，经过艰苦奋战，付出巨大牺牲，成为世界上率先控制住国内疫情的国家之一，不仅为世界守住疫情防控的区域防线，也为全球抗疫积累了宝贵经验。
>
> 这张"中国答卷"，记录下艰苦卓绝的努力，见证着亿万人民的坚忍顽强，也突显了遵守规则的重要性。这次疫情，让我们看到了祖国的强大、体制的优势和上下万众一心、众志成城的力量，看到了许多企业家和平民百姓的善举和高素质医护人员的舍生忘死。但也看到不少人的素质和觉悟很低劣、规则意识淡薄，甚至根本没有规则意识、无视法律法规的现象。
>
> 我们每个人要加强规则知识、法律法规的学习，自觉做到"行己有耻"，养成遵守规则的意识和习惯，使遵守规则成为自己的内在需要。按孔子的话来说，这就是"从心所欲不逾矩"。而作为一个会计人员，在工作时更要自觉地严格遵守各项准则，自律在先，同时也要要求他人遵守准则，坚决抵制违法行为。

任务总结

实务工作中，是通过一系列会计工作来对企业资金活动所发生的业务进行核算的。为了能够更好地帮助大家理解会计相关工作，有必要先理解以下会计工作的内涵：会计是对经济活动的反映和监督，以货币信息数据为主要计量单位，运用专门的方法，对会计单位的生产经营活动或者业务收支活动进行全面、综合、系统、连续的记录，定期总括性地向管理者传递其所需要的会计信息，是一种重要的经济管理活动。会计对象就是生产过程中能用货币计量的经济活动。会计目标是会计工作的目的，主要向会计信息使用者提供有用的会计信息。会计的职能是会计在经济管理中所具有的功能。会计的基本职能是核算和监督职能。会计具有预测经济前景、参与经营决策、反映经营情况、控制经济活动、促进经济发展、评价经营业绩等作用。会计核算方法包括设置会计科目和账户、复式记账、填制和审核会计凭证、登记账簿、成本计算、财产清查和编制财务报表。

任务三　认知会计核算基础知识

引导案例

2021年7月通过团队协作、认真努力，浙江正格业务开展顺利，月底股东们都说必须要依法纳税，但不清楚如何核算，请财务人员帮忙描述业务：

二维码1-5
引导案例答案

（1）7月15日，该公司将生产的设备出售给长城电机有限公司，共计货款500 000元，已经通过银行转账收到。

（2）7月30日，计算并结转本月销售给长城电机有限公司的设备的销售成本为260 000元。

（3）7月30日，从银行转账支付工资、水电共225 500元。

（4）7月30日，计算出本月利润为14 500元（500 000–260 000–225 500）。

案例思考：

浙江正格财务人员需要通过一系列会计工作来对公司资金活动所发生的业务进行核算，先将企业繁多复杂的业务进行归类，然后按这些类别进行会计核算。如果你是财务人员，以上的业务应如何进行归类并核算呢？

一、会计要素

《企业会计准则——基本准则》第十条规定："企业应当按照交易或者事项的经济特征确定会计要素。"会计要素是对会计核算对象的具体内容所做的基本分类，是会计对象的组成部分，是财务报表的基本框架，包括资产、负债、所有者权益、收入、费用和利润。

（一）资产

资产是指过去交易或事项形成的、由企业拥有或者控制的、预期会给企业带来经济利益的资源，包括各种财产、债权和其他权利。

1. 资产的特征

（1）资产是由企业过去的交易或者事项形成的。预期在未来发生的交易或者事项不形成资产。

二维码1-6
课堂思考答案

| 课堂思考 |

筹划中要购买或建造的设备，或可能获得的投资或捐赠设施，其相关的交易或事项尚未发生，能不能作为资产来确认入账？

（2）资产应为企业拥有或者控制的资源。例如，企业租出去的东西虽然不在企业里存放，但其所有权仍归企业，因此属于企业的资产。相反，企业不拥有该资产的所有权，只是暂租来使用的东西就是别人的资产。

（3）资产预期会给企业带来经济利益，这是资产最重要的特征。对于预期不能带来经济利益的资源，虽然可能花费了很大的代价才获得，但也只能作为费用而不是资产来确认，如已毁损变质的存货、技术上已被淘汰的设备等。

二维码1-7
课堂思考答案

| 课堂思考 |

融资租入的固定资产，企业不拥有其所有权，是否能按企业的资产来核算呢？

2. 资产的分类

按照流动性（即变现能力）的大小，可将资产划分为流动资产和非流动资产两类。

（1）流动资产是指可以在一年内（含一年）或者超过一年的一个营业周期内变现或耗用的资产，如库存现金、银行存款、交易性金融资产、应收及预付款项和存货等。

（2）非流动资产是指流动资产以外的资产，一般不能在一年内或超过一年的一个营业周期内变现或耗用，如长期股权投资、固定资产、无形资产等。

（二）负债

负债是指企业过去的交易或事项形成的，预期会导致经济利益流出企业的现时义务。

1. 负债的特征

（1）负债是基于过去的交易或事项产生的。也就是说，导致负债的交易或事项已经发生，而正在筹划的未来交易或事项不会产生负债。

（2）负债是企业承担的现时义务。现时义务是指企业在现行条件下已承担的义务。未来发生的交易或者事项形成的义务，不应当确认为负债。

（3）该现时义务的发生会导致企业经济利益的流出。负债需要企业将来以资产或劳务予以清偿，这种清偿预期会导致经济利益流出企业，如用企业的银行存款偿付供应单位的货款、用产品抵债等。

2. 负债的分类

按照流动性的大小，可以将负债分为流动负债和非流动负债两类。

（1）流动负债是指预计在一年内（含一年）或超过一年的一个营业周期内偿还的债务。企业的流动负债项目很多，具体包括短期借款、应付票据、应付账款、预收账款、应付职工薪酬、应交税费等。

（2）非流动负债是指流动负债以外的负债，一般偿还期在一年以上或者超过一年的一个营业周期以上，具体包括长期借款、应付债券和长期应付款等。

（三）所有者权益

所有者权益又称股东权益，是指企业资产扣除负债后，由所有者享有的剩余权益，即所有者在企业资产中享有的经济利益，其金额为资产减去负债后的余额。所有者权益包括了所有者投入的资本、直接计入所有者权益的利得和损失、留存收益等。

1. 所有者权益的特征

所有者权益与债权人权益（负债）比较，一般具有以下四个基本特征：

（1）所有者权益在企业经营期内可供企业长期、持续地使用，企业不必向投资人返还资本金，而负债则须按期返还给债权人，成为企业的负担。

（2）企业所有者凭其对企业投入的资本，享受税后分配利润的权利。所有者权益是企业分配税后净利润的主要依据，而债权人除按规定取得利息外，无权分配企业的盈利。

（3）企业所有者有权行使企业的经营管理权，或者授权管理人员行使经营管理权，但债权人并没有经营管理权。

（4）所有者权益是一种剩余权益，具有长期特性，并不存在确切的、约定的偿付期限。企业在清算时，只有负债的要求权得到清偿后，所有者权益才能够被清偿。

2. 所有者权益的分类

所有者权益主要包括：

（1）实收资本。这是指投资者按照章程或合同、协议的约定，实际投入企业的资本。投资者可采用多种符合规定的形式投入资本，如可以用银行存款投入，也可用实物或者专利权等无形资产投入，企业收到后就成为企业的实收资本。

（2）资本公积。这是指投资者或者他人投入的数额超过法定资本的那部分资本。它的来源渠道比较多样，如投资者的额外投入或资产增值、接受捐赠等。

（3）盈余公积。这是指企业按法律规定从净利润中提取的公积金，包括法定盈余公积和任意盈余公积。

（4）未分配利润。这是指企业在提取盈余公积后，留存在企业的那部分剩余的累积盈余，是可以由企业自由支配的税后利润。

二维码1-8
课堂思考答案

| 课堂思考 |

我们常说自然界的一切是守恒的，有付出才有回报。学了资产、负债、所有者权益三大要素，尤其是从所有者权益的概念中能发现资产、负债、所有者权益之间有什么联系？

（四）收入

收入是指企业在销售商品、提供劳务、让渡资产使用权等日常活动中形成的经济利益的总流入。

1. 收入的特征

（1）收入是企业日常活动形成的，偶发的交易或事项获得的经济利益的流入不能作为收入。例如，处置固定资产所得、接受政府补贴、盘盈等就是偶发利得，不属于日常活动。

（2）代第三方收取的款项不是收入，如企业代国家税务部门向职工个人收取的个人所得税就不是企业的收入。

（3）收入会导致企业资产的增加或负债的减少，或者两者兼而有之，最终导致所有者权益的增加。

2. 收入的分类

收入按企业经营业务的主次可分为主营业务收入和其他业务收入。其中，主营业务收入是企业主要经营活动产生的业务收入，如制造业的销售产品、非成品和提供工业性劳务作业的收入；商品流通企业的销售商品收入；旅游服务业的门票收入、客户收入、餐饮收入等。其他业务收入是指企业主营业务收入以外的所有通过销售商品、提供劳务收入及让渡资产使用权等日常活动中所形成的经济利益的流入，如材料物资及包装物销售、无形资产转让、固定资产出租、包装物出租、运输、废旧物资出售收入等。上述主营业务和其他业务就是企业工商营业执照中注册的主营和兼营的项目内容。

（五）费用

费用是指企业在日常活动中发生的、会导致所有者权益减少的、与向所有者分配利润无关的经济利益的总流出。即企业在销售商品、提供劳务、让渡资产使用权等日常经济活动中形成的经济利益的总流出。

1. 费用的特征

（1）费用最终会导致企业资源的减少，这种减少具体表现为企业的资金支出。从这个意义上说，费用本质是一种资源流出企业，它与资源流入企业所形成的收入相反，它也可理解为资产的耗费，其目的是为了取得收入，从而获得更多资产。

（2）费用可能表现为企业资产的减少或负债的增加，或者二者兼而有之。

（3）费用最终会减少企业的所有者权益。

2. 费用的分类

费用按是否可计入产品成本分为可计入成本的生产费用和不可计入成本的期间费用两类，如图1-3所示。

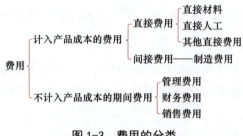

图1-3　费用的分类

（六）利润

利润是指企业在一定会计期间的经营成果，包括营业利润、利润总额和净利润。企业一定时期内的全部收入减去全部费用后的盈余，就是企业一定时期经营活动的成果，即为企业的利润；如果收不抵支，就发生了亏损。

利润包括收入减去费用后的净额，直接计入当期利润的利得和损失等。直接计入当期利润的利得和损失是指应当计入当期、会导致所有者权益发生增减变动的、与所有者投入资本或者向所有者分配利润无关的利得或者损失。利润的确认主要依赖于收入、费用、利得和损失的确认，利润金额取决于收入和费用、直接计入当期利润的利得和损失金额的计量。

|实务提醒|

资产、负债、所有者权益三大要素都是反映企业在某个时点上的财务状况，是静态的，构成资产负债表要素。收入、费用和利润三项会计要素侧重于反映企业的经营成果，是动态的，构成利润表要素。会计要素是会计对象的具体化，是会计基本理论研究的基石，更是会计准则建设的核心。

二、会计科目和账户

（一）会计科目

会计要素是会计对象的具体化，但会计要素仍然过于笼统、概括，不能详细地提供会计信息使用者所需的会计信息。例如，资产反映了企业所拥有的经济资源，但企业所拥有的经济资源有各种表现形态，有的表现为存放在企业内部的库存现金，有的表现为存放在银行的存款，有的表现为生产过程所储备的原材料，有的表现为已经完工的库存商品。为了详细地反映会计要素的增减变动，满足会计信息使用者的需求，必须在会计要素的基础上进行科学分类，即设置相应的会计科目。

二维码1-9
常用会计科目及解释

会计科目是指对会计要素所反映的经济业务内容和性质进行科学分类而形成的项目。为明确会计科目之间的相互关系，充分理解会计科目的性质和作用，进而更加科学规范地设置会计科目，以便更好地进行会计核算和会计监督，有必要对会计科目按一定的标准进行分类。

1. 会计科目按经济内容分类

会计科目按其经济内容的分类是主要的、基本的分类。会计科目按其所反映的经济内容，可以划分为资产类、负债类、共同类、所有者权益类、成本类、损益类科目。

2. 会计科目按提供信息的详细程度分类

为了使企业提供的会计信息更好地满足各会计信息使用者的不同需求，必须对会计科目按照其核算信息的详略程度进行级次划分。一般情况下，可以将会计科目分为总分类科目和明细分类科目。

总分类科目又称一级科目或总账科目，是对会计要素具体内容所做的总括分类，它提供总括性的核算指标，如"固定资产""原材料""应收账款""应付账款"等。明细分类科目又称二级科目或明细科目，是对总分类科目所含内容所做的更为详细的分类，它能提供更为详细、具体的核算指标，如"应收账款"总分类科目下按照具体单位名称分设的明细科目，具体反映应向该单位收取的货款金额。如果有必要，还可以在二级科目下分设三级科目、四级科目等进行会计核算，每往下设置一级都是对上一级科目的进一步分类。

总分类科目一般由财政部统一制定，各单位可以根据自身特点自行增设、删减或合并某些会计科目，以保证会计科目的要求。

| 实 务 提 醒 |

我国财政部统一规定的会计科目都按照一定规则统一编号，其目的是供企业填制会计凭证、登记账簿、查阅会计账目、采用会计信息系统时参考。当然每一个企业可以在此基础上根据本单位实际情况自行增设、删减、合并会计科目，企业不存在的交易或事项，可以不设置相关科目，并可结合企业实际情况自行确定会计科目的编号。

总分类科目通常采用四位数字编号法，即编号一般是四个数字，其中每个数字均表示不同的含义。如库存现金账户的编号为1001，第一个1表示资产，第一个0表示货币资产，后面的01表示库存现金。

（二）会计账户

1. 会计账户的概念

会计科目是会计对象具体内容进行分类核算的项目，但它只是界定了核算的经济业务内容，通过它并不能反映各会计要素增减变化的情况。为了对各项经济业务进行序时、连续、系统的记录，必须在会计科目的基础上借助于具体的形式和方法，这就需设置会计账户。

会计账户是根据会计科目设置的，具有一定的格式和结构，是用于序时、连续、系统地分类反映各会计要素增减变动情况及其结果的载体。

2. 会计账户的分类

会计账户是根据会计科目设置的，因此会计账户的分类和会计科目是一致的。

（1）根据会计账户所反映的经济内容的不同，会计账户主要分为资产类账户、负债类账户、所有者权益类账户、成本类账户、损益类账户、共同类账户。

（2）根据会计账户所提供会计核算指标的详细程度的不同，会计账户可分为总分类账户和明细分类账户两大类。总分类账户是指根据总分类科目设置的，用于对会计要素具体内容进行总括分类核算的账户，简称总账账户或总账。明细分类账户是根据明细分类科目设置的，用来对会计要素具体内容进行明细分类核算的账户，简称明细账。

3. 会计账户的基本结构

会计账户具有一定的结构。经济活动是错综复杂的，但每项经济业务所引起的会计要素的变化不外乎增加和减少两种情况。因此须在会计账户中开设"增加栏""减少栏"以及反映会计要素结余的"余额栏"，这是会计账户需要反映的金额信息。

在实际工作中，为了便于随时考查每项经济业务的内容、记账时间以及记账依据，一个完整的会计账户结构还需要包括其他一些要素，如图1-4所示。

账户名称					
年 月 日	凭证号数	摘要	增加	减少	余额

图 1-4　会计账户的基本结构

会计账户的基本结构如下：

（1）会计账户名称。

（2）日期。记录经济业务确认的日期。

（3）凭证号数。反映会计账户记录所依据的会计凭证，为以后查账提供便利。

（4）经济业务摘要。用于概括说明所记录经济业务的内容。

（5）增加额、减少额。反映经济业务发生的金额。

（6）余额。包括期初余额和期末余额，反映会计要素的结存金额。

为了便于说明问题，可将会计账户的核心部分简化为"T"形账户，省略辅助栏目的信息，只保留反映增加和减少的两个金额栏，期初余额在"T"形账户的上方反映，期末余额在"T"形账户的下方反映。例如,"银行存款"的"T"形账户如图1-5所示。

图1-5 银行存款的"T"形账户

通过会计账户对每笔经济业务导致会计要素增减变动的记录,可以得到四个核算指标:期初余额、本期增加额、本期减少额、期末余额。

(1)期初余额是反映有关会计要素的具体内容增减变动的结果,本期的期末余额转入下期,即作为下期的期初余额。

(2)本期增加额是指在会计期间内账户所登记的增加金额合计。

(3)本期减少额是指在会计期间内账户所登记的减少金额合计。

(4)期末余额反映有关会计要素的具体内容增减变动的结果,在没有期初余额的情况下,是本期增加额与本期减少额相减后的差额。

期初余额、期末余额、本期增加额、本期减少额四个核算指标之间的关系,可以用下列等式表示:

期末余额=期初余额+本期增加额-本期减少额

我们知道账户的左右两方是用来记录经济业务的增减变化的,如果用左方登记增加额,右方登记减少额,余额应在左方。相反,如果用右方登记增加额,左方登记减少额,余额应在右方。而一个账户的余额、本期增加额和本期减少额应该记在该账户的哪一方,取决于所采用的记账方法以及会计账户本身的性质。

| 课 堂 思 考 |

2021年7月初浙江正格电子银行存款为850万元,本月共发生七笔涉及银行存款的经济业务,分别是:

(1)2日,收到投资者投入资金300万元,已存入银行。

(2)6日,取得短期借款400万元。

(3)10日,以银行存款偿还前欠货款250万元。

(4)15日,以银行存款购买原材料150万元。

(5)20日,以银行存款支付餐饮费20万元。

(6)25日,销售商品一批,全部货款100万元,存入银行。

(7)28日,以银行存款购买一台设备,设备价款80万元。

二维码1-10
课堂思考答案

假设你需要将以上涉及银行存款的经济业务逐笔登记到"银行存款"账户中,现采用"T"形账户你会怎么登记?

三、会计等式

会计等式是会计要素在总额上必然相等的一种关系,是企业财务状况的表达式,是会

计核算方法体系的理论基础。会计要素之间存在着一定的数量关系,具体表现为两个会计等式:

(一) 静态会计等式

静态会计等式是指由静态会计要素资产、负债和所有者权益组成的反映企业在一定时点财务状况的等式,也称为财务状况等式。其表达式为

$$资产=负债+所有者权益$$

或

"资产=负债+所有者权益"是会计第一等式,也是最基本的会计等式。等式的左侧为企业从事生产经营活动的经济资源,是企业进行经营活动和投资活动的基础;等式右侧是权益,即等式左侧经济资源的归属权,包括两部分,一部分是债权人权益,另一部分是所有者权益。这一会计等式反映了企业在一定时点的财务状况,从而是编制资产负债表的理论依据。由于负债和所有者权益可合称为权益,公式也可表述为"资产=权益"。

(二) 动态会计等式

动态会计等式是从动态的角度反映企业经营活动的过程与结果,也称为财务成果等式。它反映了收入、费用和利润三个会计要素的关系,揭示了企业在某一特定期间的经营成果。其表达式为

$$收入-费用=利润$$

"收入-费用=利润"是会计第二等式,等式反映的内容是:企业在经营过程中会发生收入,同时,为了获得收入也需发生相应的费用,将一定期间发生的收入与当期发生的费用相减后,就是该期实现的财务成果,即利润。会计第二等式反映了企业在一定期间的经营活动业绩,它是编制利润表的理论依据。

因为一定期间实现的利润属于所有者权益的一部分,所以,从动态角度来看,以上两个会计等式可以合并为

$$资产=负债+所有者权益+(收入-费用)$$

或

$$资产=负债+所有者权益+利润$$

或

$$资产+费用=负债+所有者权益+收入$$

上述等式我们又称为综合等式。综合等式是基本会计等式的发展,它将财务状况要素,即资产、负债、所有者权益,和经营成果要素,即收入、费用和利润,进行有机结合,完整地反映了企业财务状况和经营成果的内在联系。我们已经知道取得的利润在按规定分配给投资者(股东)之后,余下的部分归投资者共同享有,也是所有者权益的组成部分,因此上述综合等式又回归到资产=负债+所有者权益。

| 课堂思考 |

企业日常生产经营过程中发生的经济业务,会引起有关会计要素的数额发生增减变动,如某项业务发生后会引起资产、负债或所有者权益等会计要素的增减变化,那么会不会破坏会计恒等关系?

(三）经济业务的类型及其对会计等式的影响

企业各项会计要素之间始终保持着相应的恒等关系，虽然在生产经营活动中，某项业务发生后会引起资产、负债或所有者权益等会计要素中至少两个会计要素的增减变化，但上述恒等关系仍然存在。

发生的经济业务类型，概括起来主要有以下四类九种情况：

（1）引起等式左侧（资产）内部有关项目增减变动的业务：一项资产增加、一项资产减少。

（2）引起等式右侧有关项目增减变动的业务：

1）一项负债增加、一项负债减少。

2）一项所有者权益增加、一项所有者权益减少。

3）一项负债增加、一项所有者权益减少。

4）一项所有者权益增加、一项负债减少。

（3）引起等式两边有关项目同时增加的业务：

1）一项资产增加、一项负债增加。

2）一项资产增加、一项所有者权益增加。

（4）引起等式两边有关项目同时减少的业务：

1）一项资产减少、一项负债减少。

2）一项资产减少、一项所有者权益减少。

例1-1 浙江正格2021年6月1日的资产总额为4150万元，其财务状况见表1-1。

表1-1 资产负债表　　　　　　　　　　　　　　　　　单位：万元

资　　产	金　　额	负债和所有者权益	金　　额
银行存款	160	短期借款	200
应收账款	630	应付账款	860
存货	1850	长期借款	600
固定资产	1500	实收资本	2000
无形资产	10	未分配利润	490
资产总计	4150	负债及所有者权益总计	4150

根据表1-1建立会计等式如下：

$$资产 = 负债 + 所有者权益$$
$$(4150)\quad(1660)\quad(2490)$$

浙江正格2021年6月发生如下经济业务：

① 6月3日，收回应收销货款150万元，存入银行。

分析：浙江正格收回150万元应收销货款后，银行存款增加150万元，同时，应收账款减少150万元，等式左侧资产内部有关项目有增有减，增减金额相等，所以资产总额不变，没有破坏恒等关系（见表1-2）。

表 1-2 浙江正格电子设备有限责任公司资产负债表   单位：万元

资　产	金　额	负债和所有者权益	金　额
银行存款	310	短期借款	200
应收账款	480	应付账款	860
存货	1 850	长期借款	600
固定资产	1 500	实收资本	2 000
无形资产	10	未分配利润	490
资产总计	4 150	负债及所有者权益总计	4 150

会计等式如下：

资产 = 负债 + 所有者权益
(4 150) (1 660)   (2 490)

② 6月10日，500万元的长期借款已经到期，经与银行协商，对该项债务进行重组，转作银行对浙江正格的投资。

分析：浙江正格500万元的长期借款，在到期时商定转作由银行向浙江正格的投入资本。该项业务发生后，浙江正格电子的长期借款减少500万元，实收资本增加500万元，等式右侧权益内部有关项目有增有减，负债减少、所有者权益增加，增减金额相等，所以权益总额不变，没有破坏恒等关系（见表1-3）。

表 1-3 资产负债表   单位：万元

资　产	金　额	负债和所有者权益	金　额
银行存款	310	短期借款	200
应收账款	480	应付账款	860
存货	1 850	长期借款	100
固定资产	1 500	实收资本	2 500
无形资产	10	未分配利润	490
资产总计	4 150	负债及所有者权益总计	4 150

会计等式如下：

资产 = 负债 + 所有者权益
(4 150) (1 160)   (2 990)

③ 6月17日，收到华南实业投入固定资产1 000万元。

分析：浙江正格收到投资人华南实业投入的固定资产投资，会引起实收资本增加1 000万元，同时公司的固定资产也相应增加1 000万元，该项业务发生后，等式两边同时增加1 000万元，没有破坏恒等关系（见表1-4）。

表 1-4 资产负债表   单位：万元

资　产	金　额	负债和所有者权益	金　额
银行存款	310	短期借款	200
应收账款	480	应付账款	860
存货	1 850	长期借款	100
固定资产	2 500	实收资本	3 500
无形资产	10	未分配利润	490
资产总计	5 150	负债及所有者权益总计	5 150

会计等式如下：

$$资产 = 负债 + 所有者权益$$
$$(5150) \quad (1160) \quad\quad (3990)$$

④ 6月23日，以银行存款偿还到期的150万元短期借款。

分析：浙江正格以银行存款偿还到期短期借款后，引起等式左侧的银行存款项目减少150万元，同时等式右侧的短期借款项目也减少150万元，其结果是，等式两边同时减少150万元，没有破坏恒等关系（见表1-5）。

表1-5　资产负债表　　　　　　　　　　　　　　　　　　单位：万元

资　　产	金　　额	负债和所有者权益	金　　额
银行存款	160	短期借款	50
应收账款	480	应付账款	860
存货	1850	长期借款	100
固定资产	2500	实收资本	3500
无形资产	10	未分配利润	490
资产总计	5000	负债及所有者权益总计	5000

会计等式如下：

$$资产 = 负债 + 所有者权益$$
$$(5000) \quad (1010) \quad\quad (3990)$$

课堂思考

二维码1-11
课堂思考答案

如果某公司5月31日拥有资产850 000元，负债为200 000元，所有者权益为650 000元。请大家帮忙用一张资产和权益关系表（表1-6）来验证会计等式的恒等性。

（1）6月2日，向银行提取现金4 000元备用。

（2）6月3日，从龙华公司购进价值6 000元的原材料，货款未付，材料验收入库。

（3）6月8日，以银行存款偿还3日欠龙华公司的货款6 000元。

（4）6月13日，沈如宾决定将借给本公司的200 000元转为向本公司投资。

表1-6　资产和权益的关系表　　　　　　　　　　　　　　单位：元

资　　产	权益（负债和所有者权益）
期初资产：	期初权益：
库存现金	应付账款
银行存款	应付账款
原材料	其他应付款
银行存款	实收资本
期末资产：	期末权益：

模块一　企业经济活动与会计

> **职业素养　精益求精，勇于开拓创新**
>
> 　　会计只将预期会给企业带来经济利益的资源确定为资产，如银行存款、存货、固定资产和企业债权股权投资。其中有一项虽不具有实物形态，如今在企业中地位不断上升，得到高度重视，这就是无形资产。
> 　　会计上通常将专利权、商标权等称为无形资产。专利权、商标权是企业宝贵的资源，蕴含着无限的价值潜能。未来能在市场竞争中留存的企业一定是具有创新活力，具有自主研发能力的企业。拥有专利证书有助于企业打开市场、拓展市场，在竞争中取胜，获得更大的发展空间。
> 　　华为就是这样一家精益求精，勇于开拓创新的企业。根据国家知识产权发布的2020年度专利统计数据显示，2020年，我国发明专利授权量排名第一的国内（不含港澳台）企业是华为技术有限公司。
> 　　众所周知，这几年华为遭遇了很多不公平待遇，但是华为凭借着自身强大的研发能力和坚实的知识产权后盾，高压下依然从容面对，以超快的发展速度震惊世界。在专利方面，华为也交出了一份完美的成绩单，用实力向我们证明了民族品牌的不凡。

【任务总结】

真正接触会计工作就会遇到很多会计专业术语，如我们要对会计对象进行记录，必须要有相应的要素和名称用以归类，这就是会计的六大要素：资产、负债、所有者权益、收入、费用和利润。进而将各要素进一步细分就形成了会计科目，会计科目不是随意命名的，应当符合国家统一的会计制度的规定。我们在分析如何将经济业务归属于不同的会计要素和科目时，发现了一个很重要的规律，那就是无论业务怎么变化，都会有一个恒等式，那就是资产=负债+所有者权益，这个等式我们称为会计恒等式。企业日常生产经营过程中发生的经济业务，会引起有关会计要素的数额发生增减变动，但绝对不会破坏会计恒等关系。这一恒等关系对于组织会计核算具有十分重要的意义，也是设置账户、复式记账和编制财务报表的理论依据，对做好会计工作，检查监督会计记录的正确性具有重要的意义。

任务四　认知会计记账原理

【引导案例】

浙江正格5月初资产为8 000 000元，负债为2 100 000元，所有者权益项目为5 900 000元。该企业5月份发生下列经济业务：
（1）收到投资人投入设备一台，价值60 000元。
（2）收到银行借入的190 000元长期借款，存入开户银行账户。
（3）从银行提取现金38 000元准备发放工资。
（4）向职工发放工资38 000元。

（5）收到购货单位归还前欠货款40 000元存入银行。

（6）以银行存款50 000元归还短期借款。

（7）以银行存款9 000元偿还前欠货款。

（8）购入材料一批，已入库，金额60 000元，材料款暂欠。

（9）采购员出差预借差旅费5 000元，以现金支付。

（10）购入材料一批，价款12 000元，材料已入库，款项以银行存款支付。

（11）从银行取得长期借款60 000元，直接偿还到期的短期借款。

（12）以银行存款10 000元缴纳应交税金。

（13）预收购货单位购货款15 000元，存入银行。

案例思考：

公司正式成立后，为了实现对经营活动的控制，公司需要记录其资产的增减变动。为了评价业绩，公司需要记载其收入和费用，并据此计算当期利润和当期亏损（即当期损益）。实务工作中，浙江正格财务人员通过一系列会计工作来对公司资金活动所发生的业务进行核算，要将公司繁多复杂的业务进行归类，然后按这些类别进行会计核算。

（1）逐项分析浙江正格以上业务发生后对资产、负债和所有者权益这三个要素增减变动的影响。

（2）请计算月末资产、负债和所有者权益三个要素的总额，并列出会计等式。

二维码1-12
引导案例答案

一、记账方法的概念和分类

记账方法是指运用特定的记账符号，按照一定的规则，使用文字和数字在相关账户中登记会计要素增减变动的技术方法。记账方法按其记录经济业务的方式不同，分为单式记账法和复式记账法。

（一）单式记账法

单式记账法是对发生的每一项经济业务只在一个账户中进行记录的记账方法。采用这种方法，一般只反映库存现金和银行存款的收付业务，以及债权、债务方面发生的经济业务事项，因此，单式记账法一般只需设置"库存现金""银行存款""应收账款""应付账款"等账户。例如，某企业以银行存款购买原材料50 000元，只在"银行存款"账户中登记减少额50 000元，而对于材料的增加额并不予以反映。单式记账法记录方式简单，但账户设置不完整，难以反映经济业务的来龙去脉。

（二）复式记账法

复式记账法是指对经济单位发生的每一项经济业务都要在两个或两个以上相互关联的账户中以相等的金额进行记录的记账方法。复式记账法依其记账符号、账户结构、记账规则和试算平衡方法的不同，可分为借贷记账法、增减记账法、收付记账法等，其中借贷记账法是最为普遍的一种方法，也是我国企业会计准则规定必须使用的方法，是现行的世界各国普遍采用的记账方法。

| 课堂思考 |

某企业以银行存款购买原材料 50 000 元,单式记账法下只在"银行存款"账户中登记减少额 50 000 元,而对于材料的增加额并不予以反映。那么采用复式记账法会如何反映呢?

二维码1-13
课堂思考答案

二、借贷记账法

借贷记账法是以资产、负债、所有者权益之间的平衡关系为理论依据,以"借"和"贷"作为记账符号,以"有借必有贷,借贷必相等"为记账规则,用以反映各会计要素增减变动情况的一种复式记账法。

> **知识链接**
>
> **借贷记账法的由来**
>
> 借贷记账法大约产生于 13 世纪以意大利为代表的地中海沿岸国家。"借""贷"最初的含义是从借贷资本家的角度来解释的。随着西方国家商品经济的发展,经济活动的内容日趋复杂,人们运用"借""贷"所记录的内容也不再仅限于经济业务发生所涉及的货币资金增减,还要登记所涉及的各项财产物资的增减和收入与成本费用的发生。这样,"借""贷"两个字就失去了原有的含义,逐渐演变为纯粹的记账符号,成为会计的专门术语,借贷记账法也在人们的管理实践活动中逐渐形成。
>
> 到 15 世纪时,借贷记账法在理论上有了比较完善的发展,随后,借贷记账法很快在意大利和世界各国广泛传播并得以不断发展,成为一种国际通用的商业语言。我国最早介绍借贷记账法的书籍是 1905 年蔡锡勇所著的《连环账谱》。1993 年 7 月,我国改变了多种记账方法并行的做法,统一了记账方法,规定企业一律采用借贷记账法,使我国的记账方法符合国际惯例,开始使用世界通行的"会计语言"。

(一)记账符号

记账符号是会计记录中采用的一种专门标记,表示经济业务引起的会计要素增减变动的方向。"借""贷"是借贷记账法的记账符号。借贷记账法下任何一个账户中均设置"借""贷"两个记账方向,一方用以反映账户的增加额,另一方用以反映账户的减少额。

例如,资产类账户的"T"形账户结构如图 1-6 所示。

借方	资产类账户		贷方
期初余额	×××		
本期增加额	××●	本期减少额	×××
⋮		⋮	
本期发生额	×××	本期发生额	×××
期末余额	×××		

图 1-6 资产类账户的结构

我们知道账户的借贷双方是用来记录经济业务的增减变化的,以上述资产类账户为例,用借方登记增加额,贷方登记减少额,余额应在借方。相反,如果一个账户用贷方登记增加额,借方登记减少额,余额应在贷方。"借""贷"两方哪方表示增加,哪方表示减少,则取决于账户所反映的经济业务的内容,即账户的性质。下面介绍不同性质账户的结构。

（二）各类账户的结构

1. 资产类账户的结构

在借贷记账法下，对资产类账户的结构定义为：借方登记资产的增加额，贷方登记资产的减少额。资产类账户一般有期末借方余额。用"T"形账户表示如图1-6所示。

资产类账户金额存在下列等式关系：

期末余额=期初余额+借方（增加）发生额-贷方（减少）发生额

2. 负债类账户的结构

借贷记账法下，与资产类账户的结构相反，对负债类账户的结构定义为：贷方登记负债的增加额，借方登记负债的减少额。负债类账户一般有期末贷方余额。用"T"形账户表示，负债类账户的结构如图1-7所示。

借方		负债类账户	贷方
		期初余额	×××
本期减少额	×××	本期增加额	×××
⋮		⋮	
本期发生额	×××	本期发生额	×××
		期末余额	×××

图1-7 负债类账户的结构

负债类账户金额存在下列等式关系：

期末余额=期初余额+贷方（增加）发生额-借方（减少）发生额

3. 所有者权益类账户的结构

所有者权益与负债均属于企业的权益。因此，在借贷记账法下，所有者权益类账户的结构与负债类账户的结构完全相同，即：贷方登记所有者权益的增加额，借方登记所有者权益的减少额。所有者权益类账户一般有期末贷方余额。用"T"形账户表示，所有者权益类账户的结构如图1-8所示。

借方		所有者权益类账户	贷方
		期初余额	×××
本期减少额	×××	本期增加额	×××
⋮		⋮	
本期发生额	×××	本期发生额	×××
		期末余额	×××

图1-8 所有者权益类账户的结构

所有者权益类账户金额存在下列关系：

期末余额=期初余额+贷方（增加）发生额-借方（减少）发生额

4. 损益类中的收入类账户的结构

收入的发生会导致所有者权益的增加，因此收入类账户的结构与所有者权益类账户的结构基本相同，即贷方登记收入的增加额，借方登记收入的减少额或转销额。会计期末，本期收入增加额减去本期收入减少额的差额，应转入"本年利润"账户，所以收入类账户期末没有余额。用"T"形账户表示，收入类账户的结构如图1-9所示。

借方	收入类账户	贷方
本期减少额或结转额 ×××		本期增加额 ×××
⋮		⋮
本期发生额 ×××		本期发生额 ×××

图 1-9 收入类账户的结构

5. 损益类中的费用类账户的结构

费用增加会导致所有者权益减少，因此费用类账户的结构与所有者权益类账户结构是相反的，即：借方登记费用的增加额，贷方登记费用的减少额或转销额。会计期末，本期费用增加额减去本期费用减少额的差额，应转入"本年利润"账户，所以费用类账户期末没有余额。用"T"形账户表示，费用类账户的结构如图1-10所示。

借方	费用类账户	贷方
本期增加额 ×××		本期减少额或结转额 ×××
⋮		⋮
本期发生额 ×××		本期发生额 ×××

图 1-10 费用类账户的结构

> **知识链接**
>
> 对于资产类、负债类、所有者权益类账户，应计算出各个账户的本期借方发生额合计数和本期贷方发生额合计数，并结出本期期末余额。会计学中把有余额的账户称为"实账户"。对于损益类账户，无论是收入类账户还是费用类账户，会计期末，都需要将本期增加额减去本期减少额的差额，转入"本年利润"账户，所以损益类账户没有期末余额，会计学中称之为"虚账户"。

6. 成本类账户的结构

成本类账户主要有"生产成本""制造费用"，它们是用来核算产品在生产过程中所发生的材料费、人工费等各种耗费，在产品尚未制造完工以前可将其视为一种资产。因此，"制造费用""生产成本"等成本类账户的结构应当与资产类账户的结构基本相同，即：借方登记成本的增加额，贷方登记成本的减少额。成本类账户的贷方发生额通常表示本期成本的结转额。如果有期末借方余额，表示期末尚未完工产品的生产成本。用"T"形账户表示，成本类账户的结构如图1-11所示。

借方	成本类账户	贷方
期初余额 ×××		
本期增加额 ×××		本期减少额或结转额 ×××
⋮		
本期发生额 ×××		本期发生额 ×××
期末余额 ×××		

图 1-11 成本类账户的结构

成本类账户金额存在下列等式关系：

期末余额=期初余额+借方（增加）发生额−贷方（减少）发生额

综上所述，可以将借贷记账法下各类账户的结构归纳成表1-7。

表 1-7　借贷记账法下各类账户的结构

账户类别	借方	贷方	余额及方向
资产类	增加	减少	一般有余额且在借方
负债类	减少	增加	一般有余额且在贷方
所有者权益类	减少	增加	一般有余额且在贷方
成本类	增加	减少及结转	若有余额应当在借方
损益收入类	减少及结转	增加	一般无余额
损益费用类	增加	减少及结转	一般无余额

二维码1-14
课堂思考答案

| 课堂思考 |

请查找分析下,在前述综合会计等式"资产+费用=负债+所有者权益+收入"中,哪几类账户的账户结构一般是相同的?

三、借贷记账法的运用

借贷记账法就是对发生的每一笔经济业务都以相等的金额、借贷相反的方向,在两个或两个以上相互联系的科目中进行登记。简单来说,借贷记账法的运用包括编制会计分录、过账、试算平衡三个环节。

(一) 会计分录

会计分录是在记账凭证上标明经济业务应记入的科目及登记方向和金额的记录。通俗地说,企业依据经济业务发生时取得的原始凭证,将会计分录记录在记账凭证中,即会计分录是记账凭证信息的浓缩表达式。

会计分录有名称、方向和金额三要素。会计分录基本格式是:借在上、贷在下,借贷错开一个字,借贷金额要相等。示范如下:

借:会计科目
　　贷:会计科目

会计分录按其涉及科目的多少,可以分为简单分录和复合分录两种类型。简单分录是指只有两个对应科目所组成的分录,即"一借一贷"的分录。复合分录是指由两个以上对应科目组成的分录,包括"一借多贷""多借一贷""多借多贷"的分录。

一般把出现在同一会计分录中的科目称为"对应科目"。因此科目对应关系就是指在借贷记账法下科目之间形成的应借应贷相互关系。

二维码1-15
会计分录举例

| 实务提醒 |

会计分录书写时注意借方书写内容与贷方书写内容不能写在同一行,借方在前、贷方在后,要求贷方的文字和金额都要比借方后退两格书写。如果是"一借多贷""多借一贷""多借多贷",借方或贷方的文字和金额要分别对齐,不必重复写"借"或"贷",只需在第一个会计科目前写"借"或"贷"。另外在会计分录中金额只写数字,无须在金额后写单位。

会计分录的编制步骤主要包括四步：

第一步，分析经济业务涉及哪些科目。

第二步，分析各科目的增减情况，确定科目的记账方向。

第三步，确定借贷方金额是否相等。

第四步，按照会计分录的格式要求，编制完整的会计分录。

现在让我们根据浙江正格2021年6月份发生的经济业务，运用借贷记账法来完成相关的业务处理。

该公司6月份发生部分经济业务如下：

（1）6月1日，从银行提取现金5 000元。

（2）6月2日，收到A公司投入的新设备一台，双方确认价值150 000元。

（3）6月3日，从银行借入生产经营资金200 000元，期限6个月，年利率6%，款项存入银行。半年后归还本金，按季付息。

（4）6月4日，向B公司购入甲材料1 000千克，每千克买价100元，增值税进项税额为13 000元；购入乙材料2 000千克，每千克买价50元，增值税进项税额为13 000元。甲、乙材料均在采购途中尚未入库，采购价税款未支付。

（5）6月5日，以银行存款支付上述甲材料的运费2 500元，入库前挑选整理费500元。

（6）6月6日，上述甲、乙材料到达，验收无误，已办妥入库手续。

（7）6月7日，财务部门根据仓库转来的领料凭证，编制原材料领用汇总表（表1-8）。

表1-8 原材料领用汇总表

2021年6月7日

用 途	甲材料		乙材料		金额合计
	数 量	金 额	数 量	金 额	
A产品耗用	1 000	103 000	200	10 000	113 000
B产品耗用	2 000	206 000	400	20 000	226 000
制造车间一般耗用			100	5 000	5 000
行政管理部门耗用	200	20 600			20 600
合 计	3 200	329 600	1 000	35 000	364 600

（8）6月8日，以银行存款支付本月水电费5 000元，其中行政管理部门耗用3 000元，生产车间耗用2 000元，不考虑有关税费。

（9）6月9日，收到C公司原欠货款30 000元，存入银行。

（10）6月14日，计算公司本月应付的职工工资165 000元。其中制造A产品工人工资40 000元、制造B产品工人工资80 000元、车间管理人员工资15 000元、厂部管理人员工资30 000元。

（11）6月15日，委托银行代发本月职工工资165 000元。

（12）6月20日，采用银行承兑汇票结算方式，向D公司销售A产品500件，每件单价1 200元，价款600 000元，增值税税率为13%，计78 000元。开出增值税专用发票，收到银行承兑汇票一张，期限6个月。

（13）6月25日，办公室文员高飞报销差旅费1 850元，原借款2 000元，余款150元交回现金。

（14）6月30日，按生产工人工资比例分配本月生产车间发生的制造费用22 000元，其中A产品生产工人工时为700小时负担7 000元，B产品生产工人工时为1 500小时负担15 000元。

（15）6月30日，本月生产的A产品全部完工200件，实际生产成本160 000元，B产品全部尚未完工，累计发生生产成本总额为321 000元。假设A、B产品月初都无在产品。

根据借贷记账法的记账规则分析编制会计分录。

（1）业务（1）涉及"库存现金"和"银行存款"两个科目。

"库存现金"科目属于资产类科目，核算反映企业出纳处存放的库存现金。其借方登记企业出纳处存放的库存现金增加，贷方登记企业出纳处存放的库存现金减少，该科目期末一般为借方余额，反映企业出纳处存放的库存现金实际数。业务（1）库存现金增加了5 000元，因此应记入科目借方。

"银行存款"科目属于资产类科目，核算反映企业存入银行或其他金融机构的各种款项。其借方登记企业存入银行或其他金融机构的各种款项增加，贷方登记企业存入银行或其他金融机构的各种款项减少，该科目期末一般为借方余额，反映企业存入银行或其他金融机构的各种款项实际数。业务（1）银行存款减少了5 000元，因此应记入科目贷方。

会计分录如下：

借：库存现金　　　　　　　　　　　　　　　　　　　5 000
　　贷：银行存款　　　　　　　　　　　　　　　　　　5 000

（2）业务（2）涉及"固定资产"和"实收资本"两个科目。

"固定资产"科目属于资产类科目，是用来核算企业固定资产原始价值的增减变动和结存情况的科目。其借方登记增加固定资产的原始价值，贷方登记减少固定资产的原始价值，期末余额在借方，反映企业期末固定资产的账面原价。业务（2）固定资产增加了150 000元，因此应记入科目借方。

"实收资本"科目属于所有者权益类科目，用来核算企业按照合同、章程的规定收到投资者或股东投入的资本（股份有限公司设置"股本"科目）。其借方登记投资者按法定程序收回的投资，贷方登记企业实际收到投资者投入的资本投入，期末余额在贷方，表示企业实际拥有的资本数额。业务（2）实收资本增加了150 000元，因此记入科目贷方。

会计分录如下：

借：固定资产　　　　　　　　　　　　　　　　　　　150 000
　　贷：实收资本——A公司　　　　　　　　　　　　　150 000

（3）业务（3）涉及"短期借款"和"银行存款"两个科目。

"银行存款"科目属于资产类科目，前面业务（1）已讲解。业务3银行存款增加了200 000元，因此应记入科目借方。

"短期借款"科目属于负债类科目，用来核算企业向银行或其他金融机构等借入的期限在1年以下（含1年）的各种借款。其借方登记企业归还的短期借款本金数额，贷方登记企业借入的各种短期借款的本金数额，期末余额在贷方，表示企业尚未偿还的短期借款本金数额。业务（3）短期借款增加了200 000元，因此应记入科目贷方。

会计分录如下：

借：银行存款　　　　　　　　　　　　　　　　　　　200 000
　　贷：短期借款　　　　　　　　　　　　　　　　　　200 000

| 课堂思考 |

若业务（3）中浙江正格从银行借入生产经营资金200 000元，期限是16个月，此时是不是依旧记入"短期借款"科目？

二维码1-16
课堂思考答案

（4）业务（4）涉及"在途物资""应交税费"和"应付账款"三个科目。

"在途物资"科目属于资产类科目，用来核算企业采用实际成本进行材料、商品等物资的日常核算，货款已付尚未验收入库的在途物资的采购成本。该科目的借方登记物资的买价和采购费用，贷方登记已验收入库物资的实际采购成本。期末如果有余额则在借方，反映企业在途材料、商品等物资的采购成本。业务（4）在途物资增加了200 000元，因此应记入科目借方。本科目可按供应单位和材料品种进行明细核算。

"应交税费"科目属于负债类科目，核算企业按照税法等规定计算应缴纳的各种税费，包括增值税、消费税、所得税、城市维护建设税、房产税、教育费附加等。企业代扣代缴的个人所得税等，也通过该科目核算。企业计算出应缴纳的各种税费记入该科目贷方，实际缴纳的各种税费记入该科目借方。期末为贷方余额，反映企业尚未缴纳的税费；期末如为借方余额，反映企业多缴或尚未抵扣的税费。该科目可按应缴的税费项目进行明细核算。其中"应交税费——应交增值税"科目是用来核算和监督企业应缴和实缴增值税结算情况的科目，企业购买材料时向供货单位支付的增值税（进项税额）记入该科目的借方，企业销售产品时向购买单位收取的增值税（销项税额）记入该科目的贷方。业务（4）应交税费增加了26 000元，因此应记入科目借方。

"应付账款"科目属于负债类科目，用来核算企业因采购材料物资和接受劳务而应付给供应单位的款项。该科目的借方登记实际归还款项的金额，贷方登记应付而未付款项的金额。业务（4）应付账款增加了226 000元，因此应记入科目贷方。

会计分录如下：

借：在途物资——甲材料　　　　　　　　　　　　100 000
　　　　　　——乙材料　　　　　　　　　　　　100 000
　　应交税费——应交增值税（进项税额）　　　　 26 000
　贷：应付账款——C公司　　　　　　　　　　　　226 000

| 实务提醒 |

增值税是对我国境内销售、进口货物，或者提供加工、修理修配劳务的增值额征收的一种流转税。按照纳税人的经营规模及会计核算的健全程度，增值税纳税人分为一般纳税人和小规模纳税人。一般纳税人应纳增值税额根据当期销项税额抵扣当期进项税额后的差额确定；小规模纳税人应纳增值税额根据销售额和规定的征收率计算确定。

1．一般纳税人

相关增值税计算公式如下：

$$应纳税额 = 当期销项税额 - 当期进项税额$$

$$销项税额 = 销售额 \times 税率$$

$$销售额 = 含税销售额 \div (1 + 税率)$$

销项税额是指纳税人提供应税服务按照销售额和增值税税率计算的增值税额。通常记入"应交税费——应交增值税（销项税额）"科目的贷方。

进项税额是指纳税人购进货物或者接受加工修理修配劳务和应税服务，支付或者负担的增值税税额。通常记入"应交税费——应交增值税（进项税额）"科目的借方。

2．小规模纳税人

相关增值税计算公式如下：

$$应纳税额 = 销售额 \times 征收率$$

$$销售额 = 含税销售额 \div (1 + 征收率)$$

（5）业务（5）涉及"在途物资"和"银行存款"两个科目。

"在途物资"和"银行存款"两个科目，前面业务已讲解。业务（5）在途物资增加了3 000元，因此应记入科目借方；银行存款减少了3 000元，因此应记入科目贷方。

会计分录如下：

借：在途物资——甲材料　　　　　　　　　　　　　　3 000
　　贷：银行存款　　　　　　　　　　　　　　　　　　3 000

二维码1-17
课堂思考答案

| 课堂思考 |

假设浙江正格"在途物资"科目按材料品种进行明细核算。业务（5）又是以银行存款支付的是甲、乙材料两种材料的运费2 500元，入库前挑选整理费500元。我们应该怎么处理呢？

（6）业务（6）涉及"原材料"和"在途物资"两个科目。

"原材料"科目属于资产类科目，核算企业各种库存材料的实际成本，包括原料及主要材料、辅助材料、外购半成品（外购件）、修理用备件（备品备件）、包装材料、燃料等。其借方登记已验收入库材料的实际成本，贷方登记领用材料的实际成本，期末余额在借方，表示各种库存材料的实际成本。该科目可按材料的保管地点（仓库）、材料的类别、品种和规格等进行明细核算。假设浙江正格"原材料"科目按材料品种进行明细核算，见表1-9。

表1-9　材料采购成本计算表

2021年6月6日　　　　　　　　　　　　　　　　　　　　　单价：元

项　目	甲材料（1 000千克）		乙材料（2 000千克）		合计（总成本）
	总　成　本	单 位 成 本	总　成　本	单 位 成 本	
买价	100 000	100	100 000	50	200 000
采购费用	3 000	3			3 000
采购成本	103 000	103	100 000	50	203 000

业务（6）原材料增加了203 000元，因此应记入科目借方。在途物资款减少了203 000元，因此，应记入科目贷方。

会计分录如下：

借：原材料——甲材料　　　　　　　　　　　　　　103 000
　　　　　——乙材料　　　　　　　　　　　　　　100 000
　　贷：在途物资——甲材料　　　　　　　　　　　103 000
　　　　　　　——乙材料　　　　　　　　　　　100 000

（7）业务（7）涉及"生产成本""制造费用""管理费用"和"原材料"四个科目。

"生产成本"科目属于成本类科目，核算企业进行工业性生产发生的各项生产成本，包括直接材料成本、直接人工成本和间接费用（如制造费用）。其借方登记应记入产品生产成本的各项费用，贷方登记结转完工入库产品生产成本，期末余额在借方，表示尚未加工完成的各项在产品成本。业务（7）生产成本增加了339 000元，因此应记入科目借方。为了具体核算每一种产品的生产费用，该科目应按产品的品种或类别进行明细分类核算。

"制造费用"科目属于成本类科目，用来归集和分配企业生产车间为组织和管理生产而发生的各项间接费用。其借方登记实际发生的各项制造费用，贷方登记分配转入"生产成本"科目时的转出额，期末该科目一般无余额。业务（7）制造费用增加了5 000元，因此应记入科目借方。

"管理费用"科目属于损益类科目，核算企业为组织和管理企业生产经营所发生的管理费用，包括企业在筹建期间内发生的开办费、董事会和行政管理部门在企业的经营管理中发生的或者应由企业统一负担的公司经费如办公费、交通费、业务招待费、房产税、车船税、技术转让费等。其借方登记管理费用实际发生数，贷方登记期末转入"本年利润"的数额，期末结转后无余额。业务7管理费用增加了20 600元，因此应记入科目借方。

"原材料"科目属于资产类科目，前面业务已讲解。业务（7）原材料减少了364 600元，因此应记入科目贷方。

会计分录如下：
借：生产成本——A产品　　　　　　　　　　　　　113 000
　　　　　——B产品　　　　　　　　　　　　　226 000
　　制造费用　　　　　　　　　　　　　　　　　　5 000
　　管理费用　　　　　　　　　　　　　　　　　 20 600
　　贷：原材料——甲材料　　　　　　　　　　　　329 600
　　　　　　——乙材料　　　　　　　　　　　　 35 000

（8）业务（8）涉及"制造费用""管理费用"和"银行存款"三个科目。

"制造费用""管理费用"和"银行存款"三个科目前面业务均已讲解，都是增加在借方，减少在贷方。业务（8）本月有关费用增加，其中行政管理部门耗用的水电费3 000元应记入"管理费用"科目借方，生产车间耗用的水电费2 000元应记入"制造费用"科目借方；另一方面，银行存款减少5 000元，应记入"银行存款"科目贷方。

会计分录如下：
借：制造费用　　　　　　　　　　　　　　　　　　2 000
　　管理费用　　　　　　　　　　　　　　　　　　3 000
　　贷：银行存款　　　　　　　　　　　　　　　　5 000

（9）业务（9）涉及"应收账款"和"银行存款"两个科目。

"银行存款"属于资产类账户，前例已讲解。业务（9）银行存款增加了30 000元，因此应记入科目借方。

"应收账款"科目属于资产类科目，核算企业因销售商品、提供劳务等经营活动应收取的款项。其借方登记因销售商品、提供劳务等经营活动应收取的款项，贷方登记实际收到的应收款项，该科目期末一般为借方余额，反映企业尚未收回的应收账款；期末如为贷方余额，反映企业预收的账款。业务（9）应收账款减少30 000元，因此应记入科目贷方。

会计分录如下：

借：银行存款　　　　　　　　　　　　　　　　　30 000
　　贷：应收账款——C公司　　　　　　　　　　　　　　30 000

（10）业务（10）涉及"生产成本""制造费用""管理费用"和"应付职工薪酬"四个科目。

"生产成本""制造费用""管理费用"三个科目前面业务均已讲解，都是增加在借方，减少在贷方。业务（10）本月有关工资费用增加，生产工人的工资120 000元，可以直接分别记入A、B两种产品的"生产成本"科目借方；车间管理人员的工资15 000元，是车间为组织和管理企业产品生产所发生的共同性费用，应记入"制造费用"科目借方；厂部管理人员的工资30 000元，应记入"管理费用"科目借方。

"应付职工薪酬"科目属于负债类科目，核算企业根据有关规定应付给职工的各种薪酬，包括工资、福利费、工会经费、社会保险费、住房公积金等所有为职工支付的费用。其借方登记实际支付的各种薪酬数额，贷方登记企业应支付给职工的各种费用总额，期末余额在贷方，反映企业应付未付的职工薪酬。业务（10）应付职工薪酬增加了165 000元，因此应记入科目贷方。

会计分录如下：

借：生产成本——A产品　　　　　　　　　　　　　40 000
　　　　　　——B产品　　　　　　　　　　　　　80 000
　　制造费用　　　　　　　　　　　　　　　　　　15 000
　　管理费用　　　　　　　　　　　　　　　　　　30 000
　　贷：应付职工薪酬　　　　　　　　　　　　　　　　165 000

（11）业务（11）涉及"应付职工薪酬"和"银行存款"两个科目。

"应付职工薪酬"和"银行存款"两个科目前面业务均已讲解。业务（11）应付职工薪酬减少了165 000元，因此应记入科目借方；银行存款减少了165 000元，因此应记入科目贷方。

会计分录如下：

借：应付职工薪酬　　　　　　　　　　　　　　　165 000
　　贷：银行存款　　　　　　　　　　　　　　　　　　165 000

（12）业务（12）涉及"应收票据""主营业务收入"和"应交税费"三个科目。

"应收票据"科目属于资产类科目，核算企业因销售商品、提供劳务等而收到的商业汇票，包括银行承兑汇票和商业承兑汇票。其借方登记因销售商品、提供劳务等而收到开出、承兑的商业汇票，贷方登记到期实际收到的金额，该科目期末为借方余额，反映企业持有的商业汇票的票面金额。业务（12）应收票据增加了678 000元，因此应记入账户借方。

"主营业务收入"科目属于损益类科目，核算企业确认的销售商品、提供劳务等主营业务的收入。其贷方登记企业销售商品或提供劳务实现的收入，借方登记发生期末结转到"本年利润"科目的数额，期末结转后该科目应无余额。业务（12）主营业务收入增加了600 000元，因此应记入科目贷方。

"应交税费"科目属于负债类科目，业务（12）收到购买方支付的税金78 000元是增值税的销项税金，作为企业负债的增加，因此，在企业销售商品时应记入"应交税费——应交增值税"科目贷方。

会计分录如下：

借：应收票据　　　　　　　　　　　　　　　　678 000
　　贷：主营业务收入——A产品　　　　　　　　600 000
　　　　应交税费——应交增值税（销项税额）　　78 000

（13）业务（13）涉及"管理费用""库存现金"和"其他应收款"三个科目。

"管理费用""库存现金"前面业务均已讲解。业务（13）管理费用增加了1 850元，因此应记入科目借方；同时，库存现金增加了150元，因此应记入科目借方。

"其他应收款"科目属于资产类科目，核算企业其他各种应收及暂付款项，如企业内部周转的备用金，应收的各种赔款、罚款，应向职工收取的各种垫付款项等。其借方登记企业其他各种应收及暂付款项发生，贷方登记企业其他各种应收及暂付款项收回，该科目期末一般为借方余额，反映企业尚未收回的其他各种应收及暂付款项。业务（13）其他应收款减少了2 000元，因此应记入科目贷方。

会计分录如下：

借：管理费用　　　　　　　　　　　　　　　　1 850
　　库存现金　　　　　　　　　　　　　　　　　150
　　贷：其他应收款——高飞　　　　　　　　　2 000

（14）业务（14）涉及"生产成本"和"制造费用"两个科目。

"生产成本""制造费用"两个科目前面业务均已讲解。业务（14）生产成本增加了22 000元，因此应记入科目借方；制造费用减少了22 000元，因此应记入科目贷方。

会计分录如下：

借：生产成本——A产品　　　　　　　　　　　7 000
　　　　　　——B产品　　　　　　　　　　　15 000
　　贷：制造费用　　　　　　　　　　　　　　22 000

> **| 课堂思考 |**
>
> 浙江正格2021年6月制造费用的归集，同时按生产工人工资比例分配是怎么样的计算过程？

二维码1-18
课堂思考答案

（15）业务（15）涉及"库存商品"和"生产成本"两个科目。

"库存商品"科目属于资产类科目，是用来核算企业库存各种商品成本增减变动情况的科目。其借方登记已生产完工并验收入库商品的成本，贷方登记因销售等原因发出的库存商品的成本，期末余额在借方，表示库存商品实际成本。业务（15）库存商品增加了160 000元，因此应记入科目借方。该科目应按商品的种类、品种和规格设置明细账，进行明细分类核算。

"生产成本"科目在前面业务已讲解。业务（15）生产成本结转了160 000元，因此应记入科目贷方。

会计分录如下：

借：库存商品——A产品　　　　　　　　　　　　　　160 000
　　贷：生产成本——A产品　　　　　　　　　　　　　　160 000

（二）过账

记账凭证中的会计分录都必须按其借记、贷记的会计科目、金额和日期，分别转记到总分类账和明细分类账的有关账户中去，这一转记工作便是过账。如前所述，企业期末结账前，还需要进行财产清查和对账，如果核对相符，则可结清各账户的发生额合计数和余额。

尽管总分类账和明细分类账反映经济业务的详细程度不同，但两者构成了一个完整的账户体系。经济业务发生后，要能既总括反映又能详细反映其增减变化情况，必须进行总分类账和明细分类账的平行登记。

所谓平行登记，就是对每一项经济业务，既要在有关的总分类账中进行总括登记，又要在所属的明细分类账中进行详细登记。可以概括为：

（1）依据相同。即无论是登记总分类账还是登记同期总分类账所属的明细分类账，都应根据审核无误后的记账凭证进行登记。

（2）方向一致。即登记总分类账及其所属的明细分类账时，所体现的变动方向应当相同。

（3）金额相等。即登记总分类账与登记明细分类账的金额应当相等。这里所指的金额相等只是指数量关系的相等。若一笔经济业务涉及一个总分类账下的几个明细账时，则记入总分类账的金额与记入几个明细分类账的金额之和应该相等。

（4）期间相同。即对每一项经济业务应在同一会计期间记入总分类账及其所属的明细账，也就是当经济业务发生后，在哪一期记入总分类账，同时也应在哪一期记入其所属的明细分类账。

二维码1-19
课堂思考答案

| 课堂思考 |

根据总分类账与明细分类账采取平行登记的方法，总分类账的有关指标与其所属明细分类账相关指标的合计数存在哪些等式关系？

（三）试算平衡

财务报表是依据会计账簿的余额或者当期发生额合计数进行编制的。试算平衡就是为保证会计账务处理的正确性，依据会计等式和复式记账原理，对本期各账户的全部记录进行汇总和测算，以检查账户记录的正确性和完整性的一种方法。借贷记账法的试算平衡包括发生额试算平衡法和余额试算平衡法。

1. 发生额试算平衡法

理论依据：借贷记账法的记账规则"有借必有贷，借贷必相等"。每一笔经济业务都要以相等的金额分别计入两个或两个以上相关账户的借方和贷方，借贷双方的发生额必然相等。推而广之，将一定时期内的经济业务全部计入有关账户之后，所有账户借方发生额合计与贷方发生额合计也必然相等。

平衡公式：全部账户本期借方发生额合计=全部账户本期贷方发生额合计

2. 余额试算平衡法

理论依据："资产=负债+所有者权益"的恒等关系。根据余额时间不同，余额平衡又分为期初余额平衡和期末余额平衡两类。期初余额平衡是期初所有账户借方余额合计与贷方余额合计相等，期末余额平衡是期末所有账户借方余额合计与贷方余额合计相等。

平衡公式：

全部账户期初借方余额合计=全部账户期初贷方余额合计

全部账户期末借方余额合计=全部账户期末贷方余额合计

| 实 务 提 醒 |

在实际工作中，试算平衡是通过编制试算平衡表来完成的，若编制试算平衡表借贷不平衡，肯定账户记录或计算有误，则需要查明原因，予以更正。若借贷平衡了，并不能肯定账户记录或计算就一定没有错误。因为如发生重记、漏记、错记或记反借贷方向时，试算结果仍然是平衡的。因此为了确保账户记录的正确性，必须辅以其他会计检查方法。

我们学习了借贷记账法后，应进一步明确企业会计工作流程，即：发生经济业务（取得并审核原始凭证），首先应按照会计准则和财经法规的要求和一定的记账规则将会计分录记录在会计凭证中（该步骤称为填制记账凭证）；然后从记账凭证登记到会计账簿（该步骤称为过账），期末结账前，需要进行财产清查和对账，如果核对相符，则可结清各账户的发生额合计数和余额；最后根据会计账簿的余额或者当期发生额合计数编制财务报表。如此周而复始，会计学中称之为"会计循环"。本书的模块二将对会计循环进行详细介绍。

| 职业素养　遵纪守法，践行职业规范 |

会计人员在实际的工作中，负有双重责任，一方面要做好本单位的会计工作，维护本单位的合法利益，促进本单位加强经营管理，提高经济效益；另一方面又要严格执行国家的财经法规、会计制度，维护国家、投资者和债权人等多方面的利益，对本单位的财务收支活动进行严格的监督，抵制各种违法行为。

会计规范是会计人员正确处理工作所要遵循的行为标准，是指导和约束会计行为向着合法化、合理化和有效化方向发展的路标。目前我国通过各种法律法规、企业会计准则、会计制度等予以规范。主要有以下几个层次。

1．会计法律

第一个层次是会计法律，是指由全国人民代表大会及其常委会经过一定立法程序制定的有关会计工作的法律，主要指《中华人民共和国会计法》（以下简称《会计法》）。《会计法》是我国会计工作的根本大法，也是我国进行会计工作的基本依据。它在我国会计法规体系中处于最高层次，居于核心地位，是其他会计法规制定的基本依据。其他会计法规都必须遵循和符合《会计法》的要求。

2．会计行政法规

第二个层次是会计的行政法规，是指由国务院制定并发布或者国务院有关部门拟定并经国务院批准发布，调整经济生活中某些方面会计关系的法律规范。其制定的依据是《会计法》，它通常以条例、办法、规定等具体名称出现，如2000年发布，2001年实行的《企业财务会计报告条例》。

3．会计制度

第三个层次是国家统一的会计制度，是指由国务院财政部根据《会计法》制定的关于会计核算、会计监督、会计机构和会计人员以及会计工作管理的制度，包括规章和规范性文件。会计规章如：《财政部门实施会计监督办法》《会计从业资格管理办法》《代理记账管理办法》《企业会计准则——基本准则》等。会计规范性文件如：《企业会计制度》《民营非营利组织会计制度》《会计基础工作规范》《会计档案管理办法》《企业会计准则——具体准则》《企业会计准则——应用指南》等。

4．地方性会计法规

第四个层次是地方性会计法规，是指由各省、自治区、直辖市人民代表大会及其常委会在与宪法和会计法律、行政法规不相抵触的前提下制定发布的会计规范性文件，也是我国会计法律制度的重要组成部分。

任务总结

我国《企业会计准则》中明确规定："企业应当采用借贷记账法记账。"借贷记账法以"借""贷"为记账符号，以"资产＝负债+所有者权益"的会计等式为理论依据，以"有借必有贷，借贷必相等"为记账规则。

这种记账方法需要让会计科目具有一定的格式、结构和内容，即会计账户。各种不同类型会计账户的性质不同，并将这种不同体现在"借""贷"这两个方向上，就形成了记账规则：有借必有贷，借贷必相等。根据这个记账规则，我们又将会计记账工作演变成了一系列工作：编写会计分录（填制记账凭证）；将会计分录登记到"T"形账户上（登记会计账簿）；期末结账前，需要进行财产清查和对账，如果核对相符，则可结清各账户的发生额合计数和余额，将账户的发生额和余额进行比较（编制试算平衡表）；最后根据会计账簿的余额或者当期发生额合计数编制财务报表。

| 案 例 分 析 |

　　小王是一名在校的大学生，他通过与学校沟通，征得学校同意，打算在校园里开设一家小超市，售卖同学们常用的各类小物品。学校出于支持大学生创业的考虑，同意出租公寓楼一层的一间空宿舍给小王作为门店，每月租金 200 元，于正式营业当月起，每月月底支付。同时学校要从小店的净利润中抽取 5% 作为管理费，每年结算一次。

　　小王清算了自己全部的积蓄，共计 15 000 元，父母同意投资 17 000 元，同时也要求从小超市的净利润中获取 5% 作为回报，每年结算一次。小王将上述款项全部存入银行，并获准办理了一张最高透支额度为 10 000 元的信用卡。

　　小王与要好的其他 5 位同学商定，有空的时候帮忙看店，每人每小时支付他们 8 元作为报酬。2021 年 8 月 1 日，小王的小超市正式启动。

　　8 月 1 日，小王在网上订购了 3 个金属货架，共计 24 000 元，可以用 5 年；同时，小王还订购了 10 个中号购物篮，共计 1 050 元，可以使用 6 个月左右；一台收银机 600 元，可以使用 5 年；一张柜台桌 450 元，可以使用 3 年左右。

　　8 月 15 日，小王订购的商品相继到货，经查验无误后，他用信用卡支付了全部款项。

　　8 月 16 日，小王开始在网上订购各类小商品，商品总价为 19 900 元，即使他使用全部的透支额度也不足以支付，他正为此烦恼时，同学小李决定投资 8 000 元，但需分享净利润的 20%，从盈利当年起，每年结算一次。

　　8 月 26 日，小王订购的商品相继到货，经查验无误后，他用信用卡支付了全部款项。

　　9 月 1 日，小王的小超市正式开业，迎来了开学的同学们。

　　9 月 19 日，小王接到来自银行的账单，他需要在 9 月 30 日前，偿还所透支的 6 000 元。

　　9 月 30 日熄灯前，小王清算了本月的销售情况，他共计取得销售现金 6 017.8 元，所售出的商品的进货价为 2 029 元，当天他已经用其中 6 000 元偿还了银行的透支款；并挪用自己的生活费 220 元，其中用于支付门店的租金 200 元、水电费 37.6 元；他还欠 5 位同学共计 1 944 元报酬，约定 10 月 10 日结清，并约定以后每月 10 号结清上月的报酬。

　　请问：
　　（1）哪些人或单位会关心小卖部的经营状况？为什么？
　　（2）小超市刚开业时的资产、负债、所有者权益情况是怎样的？
　　（3）小超市 9 月份的盈亏状况如何？

二维码1-20
案例分析解析

测 试 题

一、单项选择题

1. 我国会计法律中最高法律规范是（ ）。
　　A．会计法　　　　B．基本会计准则　　C．具体会计准则　　D．会计制度

2. 可以在一年或超过一年的一个营业周期内变现或耗用的资产,称为( )。
   A. 费用　　　　　　B. 流动资产　　　　C. 存货　　　　　　D. 短期资产
3. 以下项目中属于流动资产的是( )。
   A. 仓库中原材料　　B. 机器设备　　　　C. 商标权　　　　　D. 借出三年期款项
4. 以下项目中属于流动负债的是( )。
   A. 借入为期六个月的借款　　　　　　B. 借入为期三年的借款
   C. 发行的公司债券　　　　　　　　　D. 收到外单位投资款
5. 企业向投资者分配利润的重要依据是( )。
   A. 实收资本　　　　B. 资本公积　　　　C. 盈余公积　　　　D. 未分配利润
6. 企业在日常活动中形成的、会导致所有者权益增加的、与所有者投入资本无关的经济利益的总流入称为( )。
   A. 收入　　　　　　B. 收益　　　　　　C. 利得　　　　　　D. 利润
7. 工业企业将闲置的固定资产出租取得的租金属于( )。
   A. 销售商品收入　　　　　　　　　　B. 提供劳务收入
   C. 让渡资产使用权收入　　　　　　　D. 主营业务收入
8. 企业在日常活动中发生的、会导致所有者权益减少的、与向所有者分配利润无关的经济利益的总流出称为( )。
   A. 损失　　　　　　B. 亏损　　　　　　C. 费用　　　　　　D. 成本
9. 下列事项中,一个会计主体不可能发生的有( )。
   A. 资产与所有者权益以相等金额同时增加或同时减少
   B. 资产与负债以相等金额一增一减
   C. 两个资产项目以相等的金额一增一减
   D. 负债与所有者权益以相等的金额一增一减
10. 当一笔经济业务只涉及负债或所有者权益项目时,会计等式两边的金额( )。
    A. 同增　　　　　　　　　　　　　　B. 同减
    C. 不增不减　　　　　　　　　　　　D. 一边增加,一边减少
11. 企业收到前欠账款存入银行的业务属于( )。
    A. 一项资产增加,另一项资产减少
    B. 一项资产增加,另一项负债增加
    C. 一项资产增加,另一项所有者权益增加
    D. 一项资产增加,另一项负债减少
12. 以下经济业务中会使企业资产总额增加的是( )。
    A. 以银行存款购买设备　　　　　　　B. 从银行借入三年期借款
    C. 以银行存款偿还到期借款　　　　　D. 以盈余公积转增资本
13. 以下经济业务中会使企业负债总额变化的是( )。
    A. 赊购机器设备　　　　　　　　　　B. 用盈余公积转增资本
    C. 将现金送存银行　　　　　　　　　D. 投资者投入资本金存入银行

14. 企业资产总额为80万元，发生如下经济业务后，企业资产总额为（　　）万元。

从银行提取现金1万元；以银行存款偿还前欠账款10万元；收回客户前欠账款15万元存入银行；以银行存款30万元对外投资；投资者投入40万元存入银行。

  A．90   B．95   C．110   D．125

15. 以下账户中与资产账户结构相同或类似的是（　　）。

  A．负债   B．所有者权益 C．费用   D．收入

16. 以下账户中与所有者权益账户结构相同或类似的是（　　）。

  A．资产   B．成本   C．收入   D．费用

17. 借贷记账法下账户的哪一方登记增加数，哪一方登记减少数，是由（　　）决定的。

  A．账户的类别 B．账户的性质 C．账户的结构 D．账户的余额方向

二、多项选择题

1. 以下科目中属于资产类的有（　　）。

  A．实收资本 B．固定资产 C．预收账款 D．应收账款

  E．应付票据

2. 以下科目中属于负债类的有（　　）。

  A．应付工资 B．累计折旧 C．应付债券 D．应付账款

  E．长期借款

3. 以下科目属于成本类的有（　　）。

  A．生产成本 B．制造费用 C．主营业务成本 D．其他业务成本

  E．管理费用

4. 以下科目中属于所有者权益类的有（　　）。

  A．实收资本 B．资本公积 C．盈余公积 D．本年利润

  E．利润分配

5. 以下科目中属于损益类的有（　　）。

  A．制造费用 B．所得税费用 C．预提费用 D．营业外收入

  E．营业外支出

6. 下列账户中与资产类账户结构相同或类似的有（　　）。

  A．负债类   B．所有者权益类 C．成本类   D．收入类

  E．费用类

7. 下列账户中与"应收账款"账户结构相同的有（　　）。

  A．累计折旧 B．预付账款 C．利润分配 D．坏账准备

  E．固定资产

8. 下列账户中与"应付账款"账户结构相同的有（　　）。

  A．累计折旧 B．利润分配 C．固定资产 D．长期借款

  E．本年利润

9. 下列账户中与负债类账户结构相同或类似的有（　　　　）。
   A. 资产类　　　　B. 所有者权益类　　C. 收入类　　　　D. 成本类
   E. 费用类

10. 下列账户中借方用来登记增加的有（　　　　）。
    A. 应收账款　　　B. 累计折旧　　　　C. 固定资产　　　D. 应付票据
    E. 实收资本

11. 下列账户中，可能与"本年利润"账户发生对应关系的有（　　　　）。
    A. 库存商品　　　　　　　　　　　B. 主营业务成本
    C. 主营业务收入　　　　　　　　　D. 投资收益
    E. 所得税费用

12. 某项经济业务发生后引起银行存款减少5 000元，则有可能相应地引起（　　　　）。
    A. 应付职工薪酬增加5 000元　　　B. 固定资产增加5 000元
    C. 应付利息减少5 000元　　　　　D. 短期借款增加5 000元
    E. 管理费用增加5 000元

13. 构成生产成本的组成项目是（　　　　）。
    A. 直接材料　　　B. 直接人工　　　　C. 制造费用　　　D. 管理费用
    E. 财务费用

14. 下列项目属于营业外支出的有（　　　　）。
    A. 非常损失　　　　　　　　　　　B. 罚款支出
    C. 公益救济性捐赠　　　　　　　　D. 确实无法收回的应收账款
    E. 展览费

15. 如果企业将购入固定资产的3 000元错误地记入了"管理费用"账户，其结果会导致（　　　　）。
    A. 费用多计3 000元　　　　　　　B. 资产多计3 000元
    C. 净收益多计3 000元　　　　　　D. 净收益少计3 000元
    E. 资产少计3 000元

16. （　　　　）属于流动负债的构成内容。
    A. 应付账款　　　B. 预收账款　　　　C. 应交税费　　　D. 应付股利
    E. 应付利息

17. 企业利润总额是由（　　　　）因素构成。
    A. 主营业务利润　　　　　　　　　B. 营业利润
    C. 其他业务利润　　　　　　　　　D. 营业外收支净额
    E. 财务费用

18. 管理费用包括（　　　　）。
    A. 厂部办公费　　　　　　　　　　B. 厂部固定资产折旧费
    C. 利息费用　　　　　　　　　　　D. 职工报销的医药费
    E. 办公楼的房屋维修费

三、判断题

1．企业的会计科目可以根据自身的业务特点自行设定。　　　　　　（　　）
2．所有的总分类科目都必须下设明细分类科目。　　　　　　　　　（　　）
3．会计科目的设置必须全面涵盖会计对象，各科目的核算内容可以相互交叉。
　　　　　　　　　　　　　　　　　　　　　　　　　　　　　　（　　）
4．会计科目按其反映的经济内容划分的类别，与相同名称会计要素所反映的内容是相同的。　　　　　　　　　　　　　　　　　　　　　　　　　　（　　）
5．生产成本科目反映的是正在加工中的在产品实际生产成本，属于资产类科目。
　　　　　　　　　　　　　　　　　　　　　　　　　　　　　　（　　）
6．一般来说，账户的余额应在其登记增加额的一方。　　　　　　　（　　）
7．账户是按照规定的会计科目设置的，会计科目是账户的名称。　　（　　）
8．在借贷记账法下，账户中登记增加的一方为借方，登记减少的一方为贷方。
　　　　　　　　　　　　　　　　　　　　　　　　　　　　　　（　　）
9．若会计期末总分类账户的发生额和余额试算平衡，则说明账簿记录是正确的。
　　　　　　　　　　　　　　　　　　　　　　　　　　　　　　（　　）
10．任何一笔复合会计分录都可以分解成若干笔简单会计分录。　　（　　）
11．基本生产车间管理人员的工资及福利费不属于直接人工费。　　（　　）
12．固定资产折旧是指固定资产因损耗而减少的价值，因此在计提折旧时，应借记"成本费用"科目，贷记"固定资产"科目。　　　　　　　　　　　（　　）
13．预收账款、应付账款、应付职工薪酬、预付账款均属于负债项目。（　　）
14．"管理费用"科目的借方发生额应于期末时采用一定的方法分配记入产品成本。
　　　　　　　　　　　　　　　　　　　　　　　　　　　　　　（　　）
15．提取盈余公积和收到外商投入设备的业务都会引起资产和所有者权益同时增加。
　　　　　　　　　　　　　　　　　　　　　　　　　　　　　　（　　）
16．支付已预提的短期借款的利息，一方面使企业的资产减少，另一方面使企业的负债减少。　　　　　　　　　　　　　　　　　　　　　　　　　　（　　）
17．"累计折旧"科目属于资产类科目，所以其期末余额在借方。　　（　　）
18．制造企业的产品销售成本是企业已销产品的实际生产成本。　　（　　）
19．财务费用是一种期间费用，按月归集，月末全部转入"本年利润"科目。
　　　　　　　　　　　　　　　　　　　　　　　　　　　　　　（　　）
20．凡是由本期产品成本负担的费用，应按实际支付数全部记入本期成本。（　　）

四、实训题

实　训　一

【目的】练习会计要素的辨认及其平衡关系。
【资料】大江企业2021年5月末有关资产与权益情况见表1-10。

表1-10 有关资产与权益情况

项　　目	金额（元）
出纳员保管的现金	1 000
银行的存款	100 000
库存原材料	55 000
正在加工中的产品	20 000
库存完工产品	30 000
暂借给职工的差旅费	2 000
暂付给供应单位的包装物押金	2 000
应收购货单位的销货款	40 000
房屋、建筑物	400 000
机器及设备	667 000
运输汽车	250 000
投资者投入资本	450 000
机器设备的损耗价值	360 000
已宣布但尚未支付给投资人的利润	215 000
企业发行的5年期的债券	500 000
准备长期持有的向乙单位投入的资本	200 000
本年度实现的利润	234 100
本年度分配的利润	142 100
历年累计未分配的利润	40 000
向银行借入的期限为6个月的借款	50 000
应付供应单位的购料款	30 000
暂收购货单位的包装物押金	4 000
应交未交的税金	26 000

【要求】根据以上资料，按照资产和权益（负债及所有者权益）项目进行分类，计算资产、负债和所有者权益三个要素的总额，并列出会计等式。

实　训　二

【目的】练习经济业务发生对会计等式的影响。

【资料】长宇公司2021年8月初资产为8 000 000元，负债为2 100 000元，所有者权益为5 900 000元。该企业8月份发生下列经济业务：

（1）收到投资人投入设备一台，价值60 000元。

（2）收到银行借入的190 000元长期借款，存入开户银行账户。

（3）从银行提取现金38 000元准备发放工资。

（4）向职工发放工资38 000元。

（5）收到购货单位归还前欠货款40 000元存入银行。

（6）以银行存款50 000元归还短期借款。

（7）以银行存款9 000元偿还前欠货款。

（8）购入材料一批已入库，金额60 000元，材料款暂欠。

（9）采购员出差预借差旅费5 000元，以现金支付。

（10）购入材料一批，价款12 000元，材料已入库，款项以银行存款支付。
（11）从银行取得长期借款60 000元，直接偿还到期的短期借款。
（12）以银行存款10 000元缴纳应交税金。
（13）预收购货单位购货款15 000元存入银行。

【要求】
（1）逐项分析上述经济业务发生后对资产、负债和所有者权益这三个要素增减变动的影响。
（2）计算月末资产、负债和所有者权益三个要素的总额，并列出会计等式。

实 训 三

【目的】练习各类账户的结构的运用。

【资料】根据各类账户的结构要求，将表1-11的"？"处的数据填齐。

表1-11 有关账户情况

账 户 名 称	期 初 余 额	本期借方发生额	本期贷方发生额	期 末 余 额
应收账款	20 000	56 900	43 800	?
短期借款	50 000	?	40 000	60 000
盈余公积	40 000	25 400	?	48 300
原材料	60 000	?	127 600	85 000
生产成本	?	234 100	218 600	6 500
库存商品	13 420	178 290	152 100	?
应付账款	7 890	?	41 320	5 800
应交税费	23 100	45 600	?	25 000
固定资产	?	879 000	100 000	1 521 000
营业收入		?	654 000	
税金及附加		?	23 100	
管理费用		34 500	?	
财务费用		19 800	?	

实 训 四

【目的】练习编制会计分录和试算平衡表。

【资料】大地公司2021年5月初有关账户余额见表1-12。

表1-12 有关账户余额

资　　产	金　　额	负债及所有者权益	金　　额
库存现金	2 500	短期借款	250 000
银行存款	50 000	应付账款	152 500
原材料	100 000	应交税金	7 300
应收账款	36 800	长期借款	266 000
库存商品	50 000	实收资本	350 000
生产成本	26 500	资本公积	160 000
固定资产	1 000 000	盈余公积	80 000
合　　计	1 265 800	合　　计	1 265 800

该公司5月发生下列经济业务：
（1）从银行提取现金1 500元。
（2）投资者投入企业原材料一批，价格为30 000元。
（3）购进机器设备一台，价值20 000元，以银行存款支付。
（4）生产车间向仓库领用原材料一批，价值50 000元，投入生产。
（5）以银行存款偿还应付供货单位货款12 500元。
（6）向银行取得长期借款200 000元，存入银行。
（7）以银行存款上交所得税7 300元。
（8）收到购货单位欠款6 800元，已存入银行。
（9）购进原材料一批，费用为15 000元，货已验收入库，货款尚未支付。
（10）以银行存款归还短期借款50 000元和应付供货单位货款26 000元。

【要求】
（1）根据以上资料编制会计分录。
（2）开设各账户（"T"形账户），登记期初余额、本期发生额，结出期末余额。
（3）编制发生额及余额试算平衡表。

模块二
Modular Two

企业经济活动与会计循环

学习目标

知识目标

- 认识常见的凭证并熟悉凭证的基本内容
- 熟记会计账簿记账规则并了解期末对账与结账的程序
- 理解资产负债表与利润表各项目的基本含义及金额的来源

技能目标

- 能正确填制原始凭证和各类记账凭证
- 能正确登记会计账簿并掌握期末对账和结账的具体方法
- 能根据完整的企业业务资料编制资产负债表和利润表

素质目标

- 理解诚实守信、客观公正、坚持原则等会计职业素养
- 具备法治意识,培养遵纪守法的良好习惯
- 遵守行为规范,具有团队协作意识

任务一 填制与审核会计凭证

引导案例

二维码2-1
引导案例答案

王正华、魏宏宇和徐健飞投资成立的浙江正格电子设备有限责任公司已经正常运作。王正华前往北京出差学习，在返程后，王正华翻了翻公司的规章制度，了解到出差回来是到财务部报销，但必须要符合财务报销流程和规范。王正华觉得按规定报销挺麻烦，就直接把所有的单证交到了财务部。

案例思考：
遇到王正华这样的报销行为，财务人员应该怎么办？

一、填制与审核原始凭证

（一）认识常见的原始凭证

原始凭证是在经济业务发生或完成时取得或填制的，用以记录、证明经济业务已经发生或完成的文字凭据。在日常生活、生产活动中，我们会经常遇到以下记录经济活动的单据，其各具体样式如图2-1~图2-6所示。

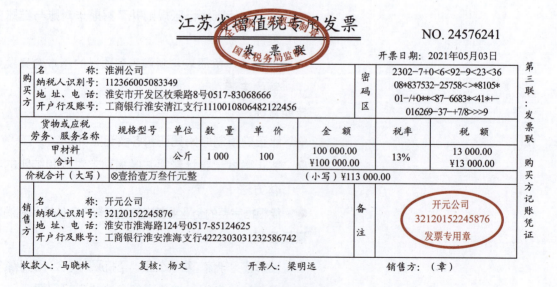

图 2-1 增值税专用发票

中国工商银行进账单（收账通知）

2021年06月05日　　第67号

出票人	全　称	成都星辉科技股份有限公司	收款人	全　称	浙江正格电子设备有限公司
	账　号	6222000205053781697		账　号	622202138 76958402
	开户银行	工商银行成都分行		开户银行	中国工商银行杭州西湖支行

金额	人民币（大写）壹万陆仟玖佰伍拾元整	亿	千	百	十	万	千	百	十	元	角	分
					¥	1	6	9	5	0	0	0

票据种类	
票据张数	

单位主管　　　复核　　　记账　　　　　　　　　　　　开户银行盖章

（盖章：中国工商银行 杭州西湖支行 2021.06.05 转讫）

图 2-2　银行进账单

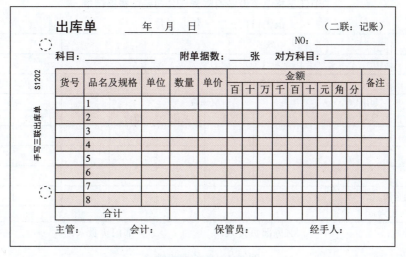

图 2-3　出库单

图 2-4　入库单

浙江正格电子设备有限责任公司借款单

年　　月　　日

借款部门		借款人		使用部门	
款项类别	现金□支票□支票号码：				
借款用途及理由					
借款金额	（大写）		¥		
还款方式					
批准人		财务核准		财务审核	部门审核
附件（张）		备注			

图 2-5　借款单

浙江正格电子设备有限责任公司差旅费报销单

报销日期：　　年　　月　　日

单位（公章）		姓名							
部门代码		职称（务）							
项目代码		出差事由						附单据（张）	
出差地点	起止日期	天数	交通费				住宿费	补贴	其他
			飞机	火车	其他	市内		伙食　其他	
核准报销金额									
合计人民币（大写）						¥			

公司负责人：　　　　财务部负责人：　　　　部门负责人：　　　　经办人：

图 2-6　差旅费报销单

| 实 务 提 醒 |

在日常生活中，原始凭证的种类繁多，形式多样。例如，在商场购买了商品，可以要求商场开具一张发票，上面载明所购买商品的名称、数量、单价和金额，那么这张发票就是购买该商品的凭据；又如开学了，交纳本学期学杂费后，学校给开具一张收据，这张收据就能证明已经交纳了学费；再比如到外地出差或去风景名胜地旅游，所买的飞机票、火车票、船票、汽车票以及住宿发票……这些单据都属于原始凭证。

二维码2-2
课堂思考答案

| 课 堂 思 考 |

在日常生活、工作活动中，我们还会遇到哪些记录经济活动的单据呢？

（二）了解会计信息记录的最初工具——原始凭证

企业发生了各类经济活动，就应当同时办理与之相关的业务手续，其中与会计工作紧密联系的业务手续，就是填制记录经济业务完成情况的原始凭证。原始凭证既是记录经济业务发生或者完成的最初记录，也是证明经济业务双方发生经济权利和承担经济义务的证明。

例如，学校向学生开具的学费收据，一方面表明学校按规定收到了学生缴纳的学费，应该向学生提供教育服务；另一方面表明学生按规定履行了学习费用缴纳义务，获取了学习资格。又如，商场向顾客出售商品，就需要向顾客出具发票，发票一方面表明商场向顾客提供了商品，收取了与商品价值相当的货款，丧失了商品所有权；另一方面表明顾客支付了所购商品的价款，获得了所购买的商品，取得了商品的所有权。

1. 原始凭证的分类

原始凭证按其来源不同可以分为外来原始凭证和自制原始凭证。

（1）外来原始凭证是指同其他单位发生经济业务时，从对方取得的原始凭证，如"发票"和"收款收据"等。

（2）自制原始凭证是由本单位业务经办人员根据有关经济业务的执行和完成情况所填制的原始凭证，如"收料单""领料单""借款单"等。自制原始凭证按其填制手续不同可分为一次凭证、累计凭证和汇总凭证。

1）一次凭证是指只反映一项经济业务，或者同时反映若干项同类性质的经济业务，其填制手续是一次完成的原始凭证，如"收料单""发货单""借款单"等。

2）累计凭证是指在一定时期内连续记载若干项同类经济业务的会计凭证，其填制手续是随着经济业务发生而分次进行的，如"限额领料单"（图2-7）。

限额领料单

领料车间（部门）：　　　　　　　　　　　　　　　　　材料类别：
用途：　　　　　　　　　　　年　月　　　　　　　　　仓　库：

材料编号	材料名称	规格	计量单位	领用限额	实际领用			备注
					数量	单位成本	金额	

日期	请领		实发			退回			限额结余
	数量	领料单位	数量	发料人签章	领料人签章	数量	领料人签章	退料人签章	
合计									

生产计划部门负责人：　　　　　　供应部门负责人：　　　　　　仓库负责人：

第二联 财务核算联

图 2-7　限额领料单

3）汇总凭证是将一定时期若干份记录同类经济业务的原始凭证汇总编制的，用以集中反映某项经济业务发生情况，如"材料耗用汇总表"（图2-8）等。

材料耗用汇总表

编号　　　　　　　　　　　　　　年　月　日　　　　　　　　　　　附件　　张

借方\贷方		原料及主要材料	辅助材料	燃料	修理用备件	合计
生产成本	基本生产成本					
	辅助生产成本					
制造费用						
管理费用						
……						
合　计						

会计主管：　　　　　　　　记账：　　　　　　　审核：　　　　　　　填制：

图 2-8　材料耗用汇总表

2. 原始凭证的基本要素

经济业务的内容是多种多样的，记录经济业务的原始凭证的样式也各有不同，可以说是形形色色，但就会计信息所需要记录的经济业务内容而言，其要素是基本相同的，所以我们应了解原始凭证一般具备以下六个要素：

（1）原始凭证的名称。

（2）填制原始凭证的日期和凭证的编号。

（3）填制凭证单位的名称和填制人姓名。

（4）经济业务的主要内容、业务数量、计量单位、单价和总金额。

（5）接收凭证单位的名称。

（6）相关经办人员签章和填制单位盖章。

在实际工作中，原始凭证从产生、传递，最后要流转到会计部门，会计人员借此进行会计信息的初步加工。原始凭证除了应该具备上述六大基本要素外，还应该注意以下几点：

（1）单位内部自制的原始凭证，应该有三个以上的相关人员的签名或者盖章，这样才符合会计内部控制制度的要求，才是规范的会计手续。

（2）从外单位取得的原始凭证，应该使用统一格式的发票，应该加盖出具单位的发票专用章；同样，对外出具原始凭证，也应该加盖本单位的发票专用章，没有加盖发票专用章的对外原始凭证不能作为合法有效的书面证明。但是个别的公用性事业单位对外出具的一些特殊的原始凭证，不一定都要求要加盖发票专用章，如汽车票、火车票等。

（3）企业事业单位外购的各种材料、物资在取得发货票的同时，还应该有与之相匹配的材料、物资验收入库证明单（即材料入库单），做到付款有依据（发票），实物入库有证明（入库单）。

（4）单位内部职工预借的各种业务备用金，应该有借据，在借据中应该填明资金的用途，由主管人员按权限审批并给出审批意见。

(三)填制原始凭证

原始凭证的填制应该符合国家会计工作主管部门的相关规定,主要是真实、完整、正确、清楚和书写规范等几个方面。在我国,为保证会计基础工作和全部会计核算的质量,真实、准确、及时地反映和记录经济业务的内容,对原始凭证填制过程做了下列具体要求:

1. 真实可靠

经济业务发生或完成后,原始凭证应如实地加以记载,不允许以任何手段弄虚作假,伪造或变造原始凭证。

2. 填制及时

原始凭证应在经济业务发生或完成的当时,及时进行填写或及时取得,任何人不得以任何借口拖延不办或迟办。

3. 内容完整

经济业务发生或完成后,必须按照规定的原始凭证的要素逐项进行填写,要求内容完整、齐全,不得遗漏或简略。同时,有关经办单位和人员必须按法规要求认真签章,做到经济责任明确。

4. 书写清楚

原始凭证必须认真准确地进行填写。具体包括以下几点:

(1)填制会计凭证、登记账簿和编制财务报表等,一般应使用钢笔或碳素笔,用蓝色或黑色墨水,禁止使用圆珠笔或铅笔;按规定需要书写红字的,用红墨水笔,需要复写的会计凭证、财务报表,可使用圆珠笔。

(2)在凭证、账簿、报表上填写摘要或数字时,要在格子的上方留有二分之一的空距,用以更正错误。

(3)大写金额数字,应用汉字正楷或行书体书写。书写的文字以国务院公布的简化字为标准,力求工整、清晰。不要自造简化字,也不要滥用繁笔字,禁止使用连笔字。大写(正楷、行书):壹、贰、叁、肆、伍、陆、柒、捌、玖、拾、佰、仟、万、亿、圆(元)、角、分、零、整(正)。不得用一、二、三、四、五、六、七、八、九、十、念、毛、仨、另(0)等字样代替。

大写金额数字填写到元或角为止,在"元"或"角"字之后应写"整"或"正"字样,大写金额数字有分的,分字后面不写"整"或"正"字。如大写金额数字前未印有人民币字样,应加填"人民币"三字,"人民币"三字与金额数字之间不得留有空白。小写金额数字合计前,要填写人民币符号"¥",与金额数字之间也不得留有空白。

(4)阿拉伯金额数字之间有0时,汉字大写金额要写"零"字,如101.50,汉字大写金额应写成人民币壹佰零壹元伍角整。阿拉伯金额数字中间连续有几个"0"时,汉字大写金额中可以只写一个"零"字,如1 004.56,汉字大写金额应写成人民币壹仟零肆圆伍角陆分。

(5)原始凭证中若出现错误,不得随意涂抹、刮擦或挖补,应当由开出单位重开或者更正,更正处应当加盖开出单位的公章。原始凭证金额有错误的,应当由出具单位重开,不得在原始凭证上更正。发票和收据作废时应当加盖"作废"章,连同存根一起保存,不得撕毁。

（四）审核原始凭证

为了保证原始凭证内容的真实性和合法性，必须对各种原始凭证进行严格的审查和核对。只有经过审核无误的原始凭证，才能作为编制记账凭证和登记账簿的依据。原始凭证的审核，应包括以下内容：

1. 合规性、合法性审核

审核原始凭证所记录的经济业务是否合法、合规，是否符合审批权限和手续等。

2. 完整性审核

审核原始凭证各个项目是否填写齐全、手续是否完备。

3. 正确性审核

审核计算、书写是否清楚、正确，大小写金额是否相符。

4. 合理性审核

合理性审核主要是指核查原始凭证上所记录的经济业务是否符合企业的生产计划和有关预算，是否符合规定的支出标准。

二、填制与审核记账凭证

记账凭证是会计人员根据审核无误的原始凭证或汇总原始凭证，按照经济业务的内容加以归类，用来确定会计分录而填制的，可以直接作为登记账簿依据的会计凭证。

（一）记账凭证的种类

记账凭证按用途不同可以分为专用记账凭证和通用记账凭证两种。

1. 专用记账凭证

专用记账凭证按其反映的经济业务的内容来划分，可分为收款凭证、付款凭证和转账凭证。

（1）收款凭证。收款凭证是指反映货币资金收入业务的记账凭证，一般包括库存现金收款和银行存款收款凭证，其格式如图2-9所示。

收 款 凭 证

总号	
分号	

借方科目________ 年 月 日 附件 张

摘要	应贷科目		✓	金额										
	一级科目	二级及明细科目		亿	千	百	十	万	千	百	十	元	角	分

财会主管 记账 出纳 复核 制单

图2-9 收款凭证

（2）付款凭证。付款凭证是指反映货币资金支出业务的记账凭证，一般包括库存现金付款和银行存款付款凭证，其格式如图2-10所示。

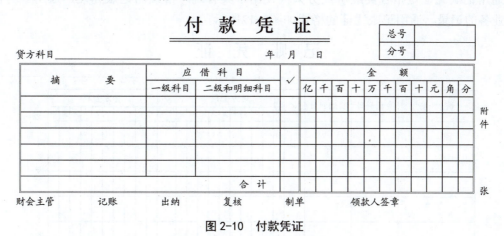

图 2-10　付款凭证

（3）转账凭证。转账凭证是指反映与货币资金收付无关的转账业务的记账凭证，其格式如图2-11所示。

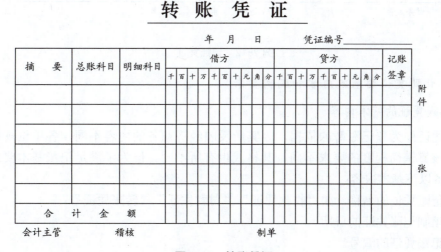

图 2-11　转账凭证

| 实 务 提 醒 |

需要指出的是，对于货币资金之间的划拨业务，如现金存入银行、从银行存款中提取现金等，为了避免重复记账，一般只以支出的货币资金为准编制付款凭证，不再编制收款凭证。

收款凭证、付款凭证、转账凭证的划分，有利于不同经济业务进行分类管理，有利于经济业务的检查，但工作量较大，适用于规模较大、收付款业务较多的单位。对于经济业务比较简单、规模较小、收付款业务较少的单位，还可以采用通用记账凭证来记录所有的经济业务。

2. 通用记账凭证

通用记账凭证是指各类经济业务共同使用，具有统一格式的记账凭证，适用于对任何经济业务的记录。通用记账凭证的格式如图2-12所示。

记 账 凭 证

年 月 日　　　　　　　　　　字第　号

摘要	会计科目	明细科目	✓	借方金额 千百十万千百十元角分	✓	贷方金额 千百十万千百十元角分	
							附单据
							张
合计							

财务主管　　记账　　出纳　　审核　　制单

图 2-12　记账凭证

（二）记账凭证的基本内容和编制要求

1. 记账凭证的基本内容

记账凭证作为登记账簿的依据，因其所反映经济业务的内容不同，各单位规模大小及其对会计核算繁简程度的要求不同，其格式也有所不同。但为了满足记账基本要求，记账凭证应具备以下基本内容：

（1）记账凭证的名称，如"收款凭证""付款凭证""转账凭证"。
（2）填制记账凭证的日期。
（3）记账凭证的编号。
（4）经济业务的内容摘要。
（5）经济业务所涉及的会计科目（包括总账科目、明细科目）及其记账方向。
（6）经济业务的金额。
（7）记账标记。
（8）所附原始凭证的张数。
（9）会计主管、记账、审核、出纳、制单等有关人员签章。

2. 记账凭证的编制要求

记账凭证的填制除了做到"真实可靠、填制及时、内容完整、书写清楚"外，还必须遵守如下基本要求：

（1）要将经济业务的内容以简练概括的文字填入"摘要"栏内。这样做对于日后查阅凭证和登记账簿都是十分必要的。

（2）要根据经济业务的性质，按照规定的会计科目和每一会计科目所核算的内容正确编制会计分录。

（3）记账凭证必须连续编号。在使用通用记账凭证时，可按经济业务发生的顺序编号；采用专用记账凭证的可以采用"分类字号编号法"，即按凭证类别顺序编号，如收字第几号、付字第几号、转字第几号等；如果一笔经济业务需要填制多张记账凭证的，可采用"分数编号法"。每月最后一张记账凭证的编号旁边，一般加注"全"字，以免凭证失散。

（4）记账凭证应附有原始凭证，并注明其张数。除期末转账和更正错误的记账凭证可以没有原始凭证外，其他记账凭证必须附有原始凭证。如果一张或几张原始凭证涉及多张记账凭证，可以把原始凭证附在一张主要的记账凭证后面，并在其他记账凭证的摘要栏上注明"原始凭证附在第××号凭证后面"。

（5）记账凭证可以根据一张原始凭证填制，也可以根据若干张同类原始凭证汇总填制，还可以根据原始凭证汇总表填制，但不得将不同内容和类别的原始凭证汇总填制在一张记账凭证上。

（6）填制凭证的日期，凭证编号，经济业务摘要，会计科目，金额，所附原始凭证的张数，填制凭证人员、稽核人员、记账人员、会计机构负责人、会计主管人员签名或盖章等，均需完整填列。收款和付款凭证要由出纳人员签名或盖章。

（7）填制记账凭证若发生错误时，应当重新填制，不能在凭证上做任何更改。如果是已登记入账的记账凭证发生错误，则可用红字更正法或补充登记法更正（具体内容见本模块任务二）。

（8）记账凭证填制完经济业务事项后，如有空行，应当自金额栏最后一笔金额数字下的空行处至合计数上的空行处画线注销。

> **知识链接**
>
> **记账凭证与原始凭证的区别**
>
> 与原始凭证相比，记账凭证有两点不同：①记账凭证是企业内部所填写的，并作为登记账簿的直接依据，它不能用来证明经济业务的发生，不具备法律的证明效力；②记账凭证上一定要列明如何对经济业务进行处理的会计分录，这是对原始凭证进行处理的第一步。

（三）记账凭证的填制方法

会计人员根据审核无误后的原始凭证或汇总原始凭证，应用复式记账法和会计科目，按照经济业务的内容加以分类，并据以确定会计分录来填制记账凭证。

1. 收款凭证的填制

收款凭证是根据现金、银行存款增加的经济业务填制的。填制收款凭证的要求是：

（1）由出纳人员根据审核无误的原始凭证填制，必须是先收款，后填凭证。

（2）在凭证左上方的"借方科目"处填写"库存现金"或"银行存款"。

（3）填写日期（实际收款的日期）和凭证编号。

（4）在凭证内填写经济业务的摘要。

(5）在凭证内"贷方科目"栏填写与"库存现金"或"银行存款"对应的贷方科目。

(6）在"金额"栏填写金额。

(7）在凭证的右侧填写所附原始凭证的张数。

(8）在凭证的下方由相关责任人签字、盖章。

二维码2-3
课堂思考答案

| 课堂思考 |

2020年12月2日，收到金达公司上月所欠货款30 000元，已存入银行，凭证应如何填写？

2. 付款凭证的填制

付款凭证是根据现金、银行存款减少的经济业务填制的。填制付款凭证的要求是：

(1）由出纳人员根据审核无误的原始凭证填制，程序是先付款，后填凭证。

(2）在凭证左上方的"贷方科目"处填写"库存现金"或"银行存款"。

(3）填写日期（实际付款的日期）和凭证编号。

(4）在凭证内填写经济业务的摘要。

(5）在凭证内"借方科目"栏填写与"库存现金"或"银行存款"对应的借方科目。

(6）在"金额"栏填写金额。

(7）在凭证的右侧填写所附原始凭证的张数。

(8）在凭证的下方由相关责任人签字、盖章。

二维码2-4
课堂思考答案

| 课堂思考 |

12月15日，开出支票，通过银行发本月工资39 600元。其中：生产工人工资35 000元，车间管理人员工资2 600元，企业管理人员工资2 000元。付款凭证应如何填写？

3. 转账凭证的填制

转账凭证是根据与现金、银行存款无关的经济业务填制的。填制转账凭证的要求是：

(1）由会计人员根据审核无误的原始凭证填制。

(2）填写日期和凭证编号。

(3）在凭证内填写经济业务的摘要。

(4）在凭证内填写经济业务涉及的全部会计科目，顺序是先借后贷。

(5）在"金额"栏填写金额。

(6）在凭证的右侧填写所附原始凭证的张数。

(7）在凭证的下方由相关责任人签字、盖章。

二维码2-5
课堂思考答案

| 课堂思考 |

12月20日，计提折旧费用。本月份生产车间应计提折旧费2 200元，企业管理部门应计提折旧费2 320元。转账凭证应如何填写？

4. 通用记账凭证的填制

通用记账凭证的名称为"记账凭证",通用于收款、付款和转账等各种类型的经济业务,其填制方法与转账凭证相同。

> | 课堂思考 |
>
> 12月30日,分配本月工资总额39 600元:生产工人工资35 000元(甲产品14 000元,乙产品21 000元);车间管理人员工资2 600元;管理部门人员工资2 000元。记账凭证应如何填写?

二维码2-6
课堂思考答案

(四)记账凭证的审核

为了保证账簿记录的正确性,必须对记账凭证进行严格的审核。其审核内容包括:

(1)记账凭证是否根据审核无误的原始凭证填制,是否附有原始凭证;所附原始凭证的经济内容、金额合计是否与记账凭证一致。

(2)凭证中会计科目的使用是否正确,明细科目是否齐全,金额是否正确,科目对应关系是否清晰,借贷金额是否一致,总账科目与明细科目的对应关系是否正确。

(3)记账凭证中有关项目的内容是否填列齐全,有关人员是否签名盖章。

(4)记账凭证所记录的内容是否合规、合法。

(5)记账凭证的填制是否及时。

经审核,如果发现记账凭证的填制有错误,或者不符合要求,则需要重新填制或按规定的方法进行更正。

任务总结

会计凭证是记录经济业务、明确经济责任的书面证明,是登记账簿的依据。因此,任何单位发生任何一项经济业务时,都要由经办人员按照有关规定填制或取得会计凭证,用以详细记录经济业务的内容,并明确有关的责任。在实际经济活动中,一般按照会计凭证的填制程序和用途的不同,将其划分为两类,即原始凭证和记账凭证,这两类会计凭证又可进一步细分。

取得和填制会计凭证可以证实经济业务是否真实发生,是否符合国家有关财经法规,所列金额是否准确无误。会计凭证的填制可以全面记录企业日常发生的全部经济业务,经过审核无误的会计凭证可以作为记账、算账的依据,以确保会计核算资料的正确。同时各种会计凭证上都有有关部门及人员的签字和盖章,可据此明确经办经济业务的部门和个人的经济责任,促使企业、行政事业单位加强岗位责任制,提高管理水平。

一切会计记录都要有真凭实据,使核算资料具有客观性,这是会计核算必须遵循的一条基本原则,也是会计核算的一个重要特征。填制和审核会计凭证是进行会计核算的一种专门方法,是会计核算工作的初始阶段和基本环节,对会计信息质量和整个会计工作有着至关重要的影响。

| 职业素养　真凭实据，敢于坚持原则 |

会计核算的第一个步骤就是取得或者填制原始凭证，这要求我们务必遵守《会计法》第十四条规定："会计机构、会计人员必须按照国家统一的会计制度的规定对原始凭证进行审核，对不真实、不合法的原始凭证有权不予接受，并向单位负责人报告；对记载不准确、不完整的原始凭证予以退回，并要求按照国家统一的会计制度的规定更正、补充。"

可见作为会计人员需要更加重视真凭实据，如果没有真实、合法的凭证作依据来证明业务是否发生，我们不可以进行账务处理。但往往会计人员在工作中会面临选择，可能在原则面前，会出现困惑与纠结，处在两难境地，难以选择。不好选择的时候，坚持原则是最好的选择。处理原则与其他各种问题的关系，最科学、最正确、最有效、最聪明的方法应该也必须是选择坚持原则。

任务二　登记会计账簿

引导案例

浙江正格在成立之时，需要根据企业具体行业要求和可能发生的经济活动业务情况，购置所需要的会计账簿，然后根据企业日常发生的经济业务情况和会计处理程序登记账簿。

二维码2-7
引导案例答案

案例思考：
财务人员在正确编制记账凭证的基础上，要选择恰当的账簿类型并将企业日常生产经营活动中发生的经济业务在账簿上进行反映。那么企业建账必须考虑哪些问题？企业建账的准备工作又有哪些呢？

一、设置与启用会计账簿

（一）会计账簿的种类

会计账簿简称账簿，是由具有专门格式、互有联系的若干账页所组成的，用以全面、系统、序时、分类地登记经济业务的簿籍。

从外表形式上看，账簿是由若干具有专门格式并相互联系的账页组成的；从记录的内容上看，账簿记录的是各个账户的增减变动和结存情况。根据会计凭证，按照一定的程序，在账簿中登记和反映会计要素的增减变动情况，是会计核算的专门方法之一。

各个单位经济业务的特点和管理的要求不同，所设置的账簿种类及格式也多种多样。这些会计账簿可以按不同的标志进行分类，主要的分类方法如图2-13所示。

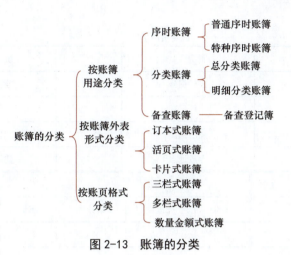

图 2-13 账簿的分类

1. 按账簿的用途分类

账簿按其用途不同,可分为序时账簿、分类账簿和备查账簿三类。

(1) 序时账簿也称日记账,是按经济业务发生或完成时间的先后顺序逐日逐笔登记经济业务的账簿。目前,我国通常只对库存现金和银行存款的收付采用序时账簿进行登记,即设置库存现金日记账和银行存款日记账。

(2) 分类账簿又称分类账,是对全部经济业务按账户进行分类登记的账簿。分类账簿按其提供资料的详细程度不同可分为总分类账和明细分类账。总分类账又称总账,是根据总账账户开设,提供总括的会计信息;明细分类账又称明细账,是根据总分类账户所属的明细账户开设,提供详细的会计信息。

分类账可以按账户分类反映和监督企业各项会计要素的增减变化情况,它所提供的数据信息是编制财务报表的主要依据。

(3) 备查账簿又称辅助账,是对某些在序时账和分类账中不予登记或登记不够详细的经济业务,进行补充登记以备查的账簿。例如,租入固定资产登记簿用来登记那些以经营方式租入、不属于本企业资产、不能记入本企业固定资产账户的固定资产。备查账簿并非必设账簿,各企业可根据具体情况和实际需要设置。

2. 按账簿的外表形式分类

账簿按其外表形式不同,可分为订本式账簿、活页式账簿和卡片式账簿三种。

(1) 订本式账簿又称订本账,是在账簿启用之前,就把若干顺序编号的、具有专门格式的账页固定装订成册的账簿,一般适用于库存现金日记账、银行存款日记账和总分类账。

(2) 活页式账簿又称活页账,是将若干具有一定格式的账页装订在活页账夹中,启用后可以随时增减或重新排列账页,年终再对实际账页顺序编号并装订成册的账簿,一般适用于各种明细分类账。

(3) 卡片式账簿又称卡片账,是由专门格式、分散的卡片作为账页组成的账簿。这种卡片一般放置在卡片箱中,可以随时取放,其本质也是一种活页账,因此它除具有活页账的优、缺点外,还可以跨年度使用,不需每年更换。卡片账主要适用于使用期限较长的财产物资的明细账,如固定资产卡片、低值易耗品卡片等,如图2-14所示。

固定资产卡片　　　　　　　　　　　　第　号

资产类别		制造厂名			资金来源		
编号		出厂编号			购置日期		
名称		出厂日期			安装日期		
型号		使用部门			开始使用日期		
技术特征		存放地点			建卡日期		
项目	金额	折旧			折旧		
		年份	摊提额	累计额	年份	摊提额	累计额
重置完全价值							
改装或添置价值							
清理残值							
清理费用							
使用年限							
已使用年限							
尚可使用年限							
		原价变动记录					
		日期	增加	减少	变动后记录	变动原因	
年：基本折旧率	%						
年：基本折旧率	%						

图 2-14　固定资产卡片

3. 按账簿的账页格式分类

账簿按其账页格式不同，可以分成三栏式账簿、数量金额式账簿和多栏式账簿。

（1）三栏式账簿是由设有借方、贷方和余额三个金额栏的账页组成的账簿。这种账簿格式适用于总分类账、库存现金日记账和银行存款日记账，以及只需进行金额核算的明细分类账。

（2）数量金额式账簿是由在借方、贷方和余额三栏内，分别设置数量、单价和金额栏目的账页组成的账簿。这种账簿适用于既要进行货币量核算，又要进行实物数量核算的明细分类账，如"原材料""库存商品"等各类存货的明细分类账。

（3）多栏式账簿是由在借方、贷方或借贷双方下设若干专栏的账页组成的账簿。多栏式账页可以根据账户的内容和管理的需要，通过下设专栏的方式，集中反映有关明细项目的核算情况。多栏式账簿又可分为事先印制好栏目的专用多栏账（如"生产成本明细账""应交增值税明细账"），以及事先未印制栏目，由单位在使用中根据需要自行设置栏目的普通多栏账，一般用于明细项目多、借贷方向单一的成本、收入和费用等账户。

> **会计账簿与会计账户**
>
> 会计账簿与会计账户有着密切的联系。会计账户是根据会计科目开设的，会计账户存在于会计账簿之中，会计账簿中的每一账页都是会计账户的存在形式和载体，没有会计账簿，会计账户就无法存在。另一方面，会计账户是会计账簿的实质内容，会计账簿对经济业务全面、系统、连续的记录是在各个会计账户中分类进行的，会计账簿是这些会计账户的外观形式。概括地说，会计账簿与会计账户的关系是形式与内容的关系。

（二）账簿设置与启用的具体方法

1. 账簿设置的原则

各单位的账簿设置，要在符合国家统一会计制度规定的前提下，根据本单位经济业务的特点和管理的需要，遵照以下原则进行：

（1）账簿的设置要组织严密，能够全面、分类、序时地反映和监督经济业务活动情况。

（2）要科学划分账簿的核算范围及层次，账簿之间既要互相联系，也要防止相互重叠。

（3）账页格式要符合所记录的经济业务的内容要求，力求简明实用。

2. 建账的基本程序

新建单位和原有单位在年度开始时，会计人员均应根据核算工作的需要设置应用账簿，即平常所说的"建账"。

第一步，按照需用的各种账簿的格式要求，预备各种账页，并将活页的账页用账夹装订成册。

第二步，在账簿的"启用表"上，写明单位名称、账簿名称、册数、编号、起止页数、启用日期以及记账人员和会计主管人员姓名，并加盖名章和单位公章。记账人员或会计主管人员在本年度调动工作时，应注明交接日期、接办人员和监交人员姓名，并由交接双方签名或盖章，以明确经济责任。

第三步，按照会计科目表的顺序、名称，在总账账页上建立总账账户；并根据总账账户明细核算的要求，在各个所属明细账户上建立二、三级等明细账户。原有单位在年度开始建立各级账户的同时，应将上年账户余额结转过来。

第四步，启用订本式账簿，应从第一页起到最后一页止顺序编定号码，不得跳页、缺号；使用活页式账簿，应按账户顺序编号，并定期装订成册。各账户编列号码后，应填"账户目录"，将账户名称、页次登入目录内，并粘贴索引纸（账户标签），写明账户名称，以利检索。

3. 具体方法

根据企业经济业务的特点和管理需要，应购买并设置以下账簿：

（1）总分类账：采用订本式账簿、三栏式账页格式。

建账步骤：

1）启用账簿。

填写"账簿启用表"及"经管本账簿人员一览表"（如图2-15所示）。

账簿启用表

用户名称		负责人	职别		盖章
账簿名称	账簿　　册		姓名		
账簿号码	第　　号	主办会计人员	职别		
账簿页数	本账簿共计　　页		姓名		
启用日期	年　月　日		盖章		

经管本账簿人员一览表

经管人员		盖章	接管			移交			附注
职别	姓名		年	月	日	年	月	日	

图 2-15 "账簿启用表"及"经管本账簿人员一览表"

每本账簿的扉页均附有"账簿启用表",内容包括单位名称、账簿名称、账簿号码、账簿页数、启用日期、单位负责人、主办会计人员等,启用账簿时,应填写表内各项内容,并在单位名称处加盖公章,各负责人姓名后加盖私章。

账簿经管人员是指负责登记使用该账簿的会计人员,当账簿的经管人员调动工作时,应办理交接手续,填写该表中的账簿交接内容,并由交接双方人共同签名或盖章。

印花税票粘贴在账簿扉页的右下角"印花粘贴处"框内,并在印花税票中间画几条平行横线即行注销,注销标记应与骑缝处相交。若企业使用缴款书缴纳印花税,应在账簿扉页的"印花粘贴处"框内注明"印花税已缴"以及缴款金额。

2)设置总分类账户。总分类账中包括本企业使用的全部总分类账户,因此需指定每一总分类账户在总分类账中的登记账页,在相应账页的"会计科目及编号"栏处填写指定登记账户的名称及编码。

由于总分类账采用的是订本式账簿,为了便于账户的查找,各总账账户的排列顺序应有一定的规律,一般应按会计科目表中编码顺序排列,因此,只要本单位会计核算涉及的总账账户,不论期初是否有余额,都需在总账中设置出相应账户,并根据实际需要预留账页。

3)登记期初余额。对于有期初余额的总账账户,根据相关资料登记账户记录。在该账户账页的第一行日期栏中填入期初的日期,在摘要栏填入"期初余额"(年度更换新账簿时填入"上年结转"),在借贷方向栏标明余额的方向,在余额栏填入账户的期初余额。对于没有余额的总账账户,无须特别标志其余额为零。

4)填写账户目录。由于总账是订本式,在各账页中预先印有连续编号,为方便查找,所有总账账户设置完后,应在账簿启用页后的"账户目录表"中填入各账户的科目编号、名称及起始页码。

（2）日记账：为了加强对货币资金的监督和控制，应分别设置库存现金、银行存款日记账，均采用订本式账簿、三栏式账页格式。

建账步骤：

1）启用账簿。

2）设置账户。库存现金日记账按现金的币种分别开设，银行存款日记账按单位在银行开立的账户和币种分别开设。因外币现金和银行存款需采用包含原币信息的复币账页，因此，本位币与外币现金、银行存款可分别开设账簿。

3）登记期初余额。对于有期初余额的"库存现金"账户，根据相关资料在账户中登记期初余额；同样，对于有期初余额的"银行存款"账户，根据相关资料在账户中登记期初余额。

4）填写账户目录。

（3）明细分类账：明细分类账一般采用活页式账簿，有三栏式、数量金额式及多栏式多种账页格式，相同格式的账页装订成本。

由于活页账可以在使用过程中根据需要增减账页，以及对账页的顺序进行调整，因此，设置明细分类账时，不用给每一明细账户预留账页，可以先在相关账簿中设置出有期初余额的明细账户，对期初无余额的明细账户，可暂时不设，待日常账务处理中用到时再行设置，并插入账簿中同属一个总分类账户的明细账户顺序中去。

为了便于查找账户，明细账户在账簿中一般也按会计科目编码顺序排列，同属于一个总分类账户的明细账户应集中连续排列。在每一明细分类账户起始页上端或右侧粘贴标签（口取纸），在标签上注明该账户名称，不同账户的标签相互错开排列。并不是所有的总分类账户都需要设置明细分类账户，企业可以根据实际需要决定明细分类账户的设置，以及所采用的账页格式。

> **知识链接**
>
> **中小企业建账的主要目的**
>
> 中小企业建账的主要目的有两个，其一是管理需要。这又可分为两种：①股东多，为明晰生产经营情况，要建立较规范的财务制度；②企业规模扩大，避免因账务核算不规范造成账外损失。其二是税务需要。典型的有为了申请增值税一般纳税人资格而建账。税务要求其建立规范的会计核算，要能准确核算进、销项税额，及时做纳税申报。对于因税务需要而建账的，尽量按税法的规定处理账务，这样在年度所得税纳税申报时就可省去纳税调整的麻烦。

二、登记会计账簿

（一）账簿登记的基本要求和流程

1. 账簿登记的基本要求

为了保证账簿记录的正确、及时和完整，登记账簿时应遵循以下基本规则：

（1）必须根据审核无误的会计凭证，及时登记各类账簿。

（2）为保证账簿记录清晰耐久，防止篡改，登记账簿时必须使用蓝黑或黑色墨水书写。红色墨水只能在期末结账画线、更正错账、冲账表示负数时使用。

（3）登记账簿时，应当将会计凭证日期、编号、业务内容摘要、金额和其他有关资料逐项记入账内，做到数字准确、摘要简明清楚、字迹工整。

（4）登记完毕，应在记账凭证"记账"栏注明账簿页码或做出"√"符号，表示已记账，以免重记、漏记，也便于查阅、核对，并在记账凭证中"记账"处签名或盖章，以明确经济责任。

（5）登记账簿时，凡印有余额栏并需结出余额的账户，应在结出余额后，在"借或贷"栏内注明余额的借贷方向。若余额为零，则应在"借或贷"栏注明"平"，并在余额栏用"0"表示。

（6）各种账簿应按账户页次逐页逐行连续登记，不得跳行、隔页。如果不慎发生跳行、隔页，应在账簿中将空行和空页注销。

（7）登记账簿时，在每一页的第一行"月份栏"要注明当前月份，以后本页再登记时，只要不跨月度，日期栏只需填入具体日期，月份可以不填。当跨月度时，在新月度的起始行日期栏中填入新月份。

（8）当一张账页记满，需要在下页继续登记时，应在本页的最末一行摘要栏注明"过次页"，结计出本页借、贷方发生额填入借方、贷方栏。在下一页的第一行摘要栏注明"承前页"，将前页结计出的借方、贷方发生额以及余额，记入相应栏目。

（9）账簿记录发生错误时，不得采用涂改、挖补、刮擦、药水消除字迹等手段更正，也不允许重抄，而必须采用适当的错账更正方法来更正。

2. 账簿登记的流程

对每笔经济业务在完成了会计凭证填制工作后，应按以下流程登记相关账簿：

（1）将涉及现金、银行存款收付业务的会计凭证，传递给出纳员，由其完成以下工作：

1）在履行了收、付款行为后，在原始凭证上加盖收、付款戳记。

2）根据会计凭证登记库存现金、银行存款日记账。

3）记账后在记账凭证中"库存现金"或"银行存款"科目后做出"√"等记账标志，在记账凭证"出纳"处签章，以明确其对库存现金、银行存款的保管责任。

4）将记账凭证移交记账会计。

（2）对不涉及现金、银行存款收付业务的记账凭证，直接传递给记账会计。

（3）负责登记明细账的会计人员根据记账凭证登记相关明细账，记账后在记账凭证中相关科目后做出"√"等记账标志，并在"记账"处签章。明细账登记完成后，将会计凭证传递给总账会计。

（4）总账会计根据记账凭证直接登记总账，或定期采用一定的程序和方法将该期记账凭证进行汇总后，编制"科目汇总表"或"汇总记账凭证"，再据以登记总账，记账完毕后同样要在相关凭证中做出记账标志并签章。各单位发生的经济业务，要采用平行登记的方法，根据会计凭证一方面记入相关总账，另一方面记入所属的各明细账。

在会计实务中，应按图2-16所示的基本工作流程来组织日常会计核算工作。

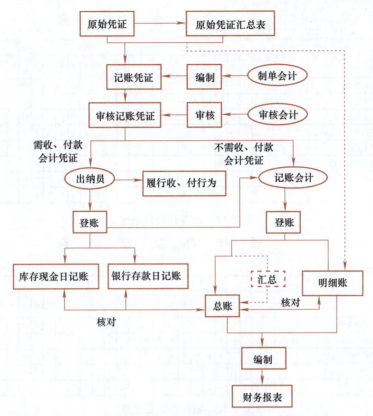

图 2-16 会计基本工作流程

（二）各类账簿的具体登记方法

1. 日记账的登记

日记账应根据办理完毕的收、付款凭证，随时间顺序逐笔登记，保证每天最少登记一次。

（1）库存现金日记账的登记方法。日期栏：与记账凭证日期一致，记账凭证的日期要与现金实际收付日期一致。凭证编号栏：据以入账的凭证种类及编号。摘要栏：简要说明入账经济业务的内容。对方科目栏：是指与现金对应的会计科目。收入、支出、结余栏：是指现金收、支及当期结余额。

库存现金日记账的登记要做到日清月结。每日业务终了分别计算现金收入和支出的合计数，并结出余额，同时将余额与出纳库存现金核对清楚，如账款不符应查明原因，并记录备案，即"日清"；月末要计算本月现金的收、付和结余合计数，即"月结"，格式如图2-17所示。

（2）银行存款日记账的登记方法。银行存款日记账的登记方法与库存现金日记账的登记方法基本相同。需要注意的是，银行存款日记账中的结算凭证栏登记的是使银行存款增加或减少的结算方式。例如，委托收款凭证及号码、转账支票及号码、信汇及号码等。银行存款日记账要定期与银行转来的对账单相核对，以保证银行存款账簿记录的正确性，其格式如图2-18所示。

库存现金日记账

2021年		凭证编号		摘要	对方科目	借方	贷方	借或贷	余额
月	日	类	号			百十万千百十元角分	百十万千百十元角分		百十万千百十元角分
6	1			期初余额				借	6 0 0 0 0
	5	银付	11	提现		6 0 0 0 0 0		借	6 6 0 0 0 0
	5			本日合计		6 0 0 0 0 0		借	6 6 0 0 0 0
	15	现付	9	购买办公用品			8 5 0 0 0	借	5 7 5 0 0 0
	15			本日合计			8 5 0 0 0	借	5 7 5 0 0 0
	25	现付	10	预借差旅费			1 5 0 0 0 0	借	4 2 5 0 0 0
	25			本日合计			1 5 0 0 0 0	借	4 2 5 0 0 0
	30			本月合计		6 0 0 0 0 0	2 3 5 0 0 0	借	4 2 5 0 0 0

图 2-17 库存现金日记账

银行存款日记账

开户行名称: 工商银行杭州西湖支行　　　　　　　　　　　　银行账号:

2021年		凭证编号		摘要	结算凭证		借方	贷方	借或贷	余额
月	日	类	号		类	号	百十万千百十元角分	百十万千百十元角分		百十万千百十元角分
6	01			期初余额					借	4 8 5 0 0 0 0
	05	银收	1	销售商品,收到货款			5 8 5 0 0 0 0		借	5 4 3 5 0 0 0 0
	16	银收	2	收到前欠货款			3 0 0 0 0 0 0		借	5 7 3 5 0 0 0 0

图 2-18 银行存款日记账

2. 分类账的登记

分类账分为总账和明细账两种。由于两者在提供核算指标的详细程度上有所不同,因此两种账簿的格式和登记方法也有所区别。

(1)总账的登记。总账是按照国家规定的一级会计科目,分类、连续地记录和反映各种资产、负债和所有者权益,以及各种收入、费用和成果的总括情况的账簿。一般采用订本账,如果采用活页账,年终必须装订成册,编号保管,以防止偷换账页和丢失。

总账的账页格式最常用的为三栏式,下面以三栏式总账来说明总账的登记方法。

三栏式总账是按每一个会计科目设立一个账户,单独使用账页。

① 在账页左上方的"会计科目"处填写账户的名称。

② "摘要"栏记载有关经济业务的简要说明,如果采用记账凭证汇总表登记总账的话,平时可以空着不填,也可以根据登记日期,在"摘要"栏中简要写明"某日至某日发生额"的字样。

③ 要按时间先后顺序连续登记,在经济业务发生比较少的情况下,可以根据记账凭证逐笔登记总账;在经济业务比较多的企业里,常常采用记账凭证汇总表登记总账。登记时间一般是定期登记,有的五天或一周登记一次,有的十天或半月登记一次。登账时,根据记账凭证汇总表的数字登记。该表是将同科目的记账凭证汇总,计算出这一时期某科目的借方和贷方发生额,分别登记到总账的"借方"和"贷方"栏。

总账的登记方法根据选用的账务处理程序不同而不同,以下按各账务处理程序加以介绍:

1) 记账凭证账务处理程序的总账登记。记账凭证账务处理程序是指根据原始凭证编制记账凭证，再根据记账凭证直接登记总账的账务处理程序。其优点是简单明了、易于理解、便于操作，同时总账中能详细地反映经济业务的具体内容；其缺点是逐笔登记总账使得登记账簿的工作量较大，而且不便于对会计工作进行分工记账。这种账务处理程序一般适用于规模小、经济业务简单、业务量少的单位。

记账凭证账务处理程序的具体步骤如图2-19所示。

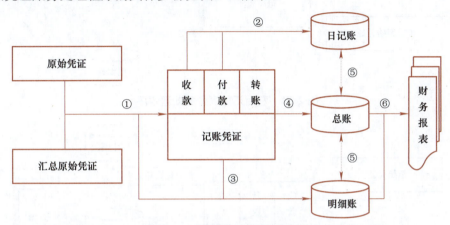

图2-19　记账凭证账务处理程序

其总账的登记如图2-20所示。

总　分　类　账

会计科目　　银行存款

2021年		凭证号数	摘要	页数	借方								贷方								借或贷	余额							
月	日				百	十	万	千	百	十	元	角	分	百	十	万	千	百	十	元	角	分		百	十	万	千	百	十	元	角	分
6	01		期初余额																				借		4	8	5	0	0	0	0	0
	05	银收1	销售商品，收到货款				5	8	5	0	0	0	0																		
	16	银收2	收到前欠货款				3	0	0	0	0	0	0																		
	30		本月合计				8	8	5	0	0	0	0										借		5	7	3	5	0	0	0	0

图2-20　总账的登记

2) 科目汇总表账务处理程序的总账登记。科目汇总表账务处理程序是指定期根据记账凭证编制科目汇总表，再根据科目汇总表登记总账的账务处理程序。其优点是科目汇总表起到试算平衡的作用，同时可以减轻登记总账的工作量；其不足之处是科目汇总表不能反映各科目间的对应关系，不便于查账和了解经济业务的内容，这种账务处理程序一般适用于规模较大、业务量多的单位。

科目汇总表账务处理程序的具体步骤如图2-21所示。

填制科目汇总表，根据科目汇总表登记总账。

3) 汇总记账凭证账务处理程序的总账登记。汇总记账凭证账务处理程序是在科目汇总表账务处理程序的基础上，对凭证的汇总方法进行了改进，它克服了科目汇总表账务处理程序的不足，明确了账户间的对应关系，提高了总账的可分析性，其具体步骤如图2-22所示。

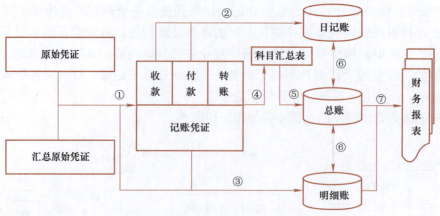

图 2-21 科目汇总表账务处理程序

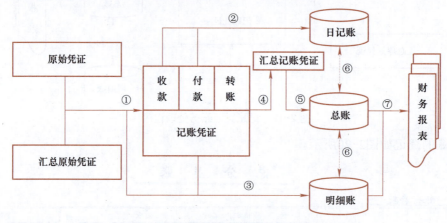

图 2-22 汇总记账凭证账务处理程序

汇总记账凭证账务处理程序根据汇总记账凭证登记总账,减少了登记总账的工作量;同时,汇总记账凭证中可以反映账户的对应关系,便于总账的检查和分析。但当转账凭证较多时,编制汇总记账凭证的工作量较大,收付款业务量较少的单位采用此账务处理程序起不到减少工作量的作用。因此,汇总记账凭证账务处理程序只适用于规模较大、收付款业务发生频繁的单位。

以上三种常用会计账务处理程序的比较见表2-1。

表 2-1 常用会计账务处理程序比较

会计账务处理程序	主要特点	优缺点	适用情况
记账凭证账务处理程序	直接根据记账凭证逐笔登记总账	简便易行,但登记总账的工作量大	经营规模小、经济业务较简单的企业
科目汇总表账务处理程序	根据科目汇总表登记总账	科目汇总表能起到试算平衡的作用,减轻了登记总账的工作量;但经济业务的来龙去脉不清晰,不能反映账户的应对关系,不便于查对账目	经营规模大、业务量多的大中型企业
汇总记账凭证账务处理程序	根据汇总记账凭证登记总账	既减轻了登记总账的工作量,而且经济业务的来龙去脉清晰;但不利于会计核算日常分工,当转账凭证较多时工作量较大	经营规模大、收付款业务发生频繁的大中型企业

(2)明细账的登记。

1)三栏式明细账的登记。三栏式明细账的登记方法是由会计人员根据审核无误的记账凭证或原始凭证,按经济业务的先后顺序逐日进行登记的,以应收账款明细账为例,格式如图2-23所示。

应收账款　明细账

明细　　　　　　　　　　　　科目　齐晖商贸公司

2021年		记账凭证号数	摘要	对方科目	借方	贷方	借或贷	余额
月	日				千百十万千百十元角分	千百十万千百十元角分		千百十万千百十元角分
6	01		期初余额				借	6 5 0 0 0 0 0
	16	02	收到前欠货款			3 0 0 0 0 0 0	借	3 5 0 0 0 0 0

图2-23　三栏式明细账

2)数量金额式明细账的登记。数量金额式明细账是由会计人员根据审核无误的记账凭证、原始凭证、汇总原始凭证等,按经济业务发生的时间顺序逐日逐笔进行登记的。以库存明细账为例,格式如图2-24所示。

库存明细账（数量金额式）

库架层位　　储备量 最高 最低 定额　　　　　　　　　　计量单位 千克

总号　　分页
科目 原材料　类别
编号名称 甲材料　规格

记账凭证			摘要	收入			付出			结存		
2021年 月 日	类别	号数		数量	单价	金额 千百十万千百十元角分 √	数量	单价	金额 千百十万千百十元角分 √	数量	单价	金额 亿千百十万千百十元角分 √
07 01			期初余额							30	200	6 0 0 0 0 0
15	记	12	甲材料验收入库	100	200	2 0 0 0 0 0 0				130	200	2 6 0 0 0 0 0
29	记	19	车间生产领用甲材料				50	200	1 0 0 0 0 0 0	80	200	1 6 0 0 0 0 0
30			本月合计	100	200	2 0 0 0 0 0 0	50	200	1 0 0 0 0 0 0	80	200	1 6 0 0 0 0 0

图2-24　数量金额式明细账

3）多栏式明细账的登记。多栏式明细账是将各类明细科目核算集中在同一张账页上，因明细分类登记经济业务不同，多栏式明细账中账页又分为借方多栏、贷方多栏和借贷方均多栏三种格式。以销售费用明细账为例，格式如图2-25所示。

总页 分页

明　细　账

销售费用

记账凭证				摘要	借方金额	贷方金额	借或贷	金额	职工薪酬								广告费								……							
2021年		类别	号数																													
月	日								十	万	千	百	十	元	角	分	十	万	千	百	十	元	角	分	十	万	千	百	十	元	角	分
				承上页	1 700.00		借	1 700.00											1	7	0	0	0	0								
11	31	转	35	结转入“本年利润”		1 700.00	平	0.00											–1	7	0	0	0	0								
				本年累计	15 226.40	15 226.40	平	0.00		1	3	2	2	6	4	0			2	0	0	0	0	0								
12	16	银付	5	支付广告费	6 000.00		借	6 000.00											6	0	0	0	0	0								
12	31	转	8	计提工资	50 000.00		借	56 000.00		5	0	0	0	0	0	0																
				本月合计	56 000.00																											
12	31	转	20	结转入“本年利润”		56 000.00	平	0.00		–5	0	0	0	0	0	0			–6	0	0	0	0	0								
				本年累计	71 226.40	71 226.40	平	0		5	0	0	0	0	0	0			6	0	0	0	0	0								

图 2-25　多栏式明细账

知识链接

“过次页”与“承前页”

在会计记录中，一般不可能在同一账页里完成所有的经济业务，因此需要分页记录。“过次页”和“承前页”二者相辅相成，起到了承前启后的作用。在实际工作中，“过次页”是将本月初至本页倒数第二行的借贷方发生额合计数与目前的余额写在本页末行，并在摘要栏注明“过次页”；而“承前页”是在次页的第一行抄写上页“过次页”行的借贷方发生额和余额，并在摘要栏注明“承前页”字样。

三、更正错账

记账是会计核算的一个重要环节，会计人员应按照会计制度规定，尽最大努力把账记准，减少差错，保证账簿资料的正确可靠。但是由于种种原因，可能出现错账。账错了，就要及时地找出错在什么地方。但在厚厚的许多账簿中应从何处下手，则是一件比较艰难的事情。必须要学会查找会计错弊、查找错账，也就是查找会计资料中的错弊的方法。

（一）错账的类型及查找方法

1. 错账的类型

错账有多种类型，归纳起来，有证错和账错两种。证错是指记账凭证中错填会计科目和金额，引起账簿记录的错误。而账错则是指记账和结算账户时发生的错误，如漏记账、记重账、记反账、记账串户、记错金额等。

在实际工作中，账错较多的是把数字写错，最常见数字写错的有两种：

（1）数字错位，即应记的位数不是前移就是后移，即小记大或大记小。例如：把千位数变成了百位数（大变小），把1 600记成160（大变小）；或把百位数变成千位数（小变大），把3.43记成343（小变大）。

（2）错记。错记是在登记账簿过程中的数字误写。一般情况下，错记而形成的差错有以下几种情况：

1）邻数颠倒。邻数颠倒是指在登记账簿时把相邻的两个数字写错了位置，如56错记为65，或把32错记为23。

2）隔位数字倒置。如425记成524，902记成209，等等。

错账类型一般有以下几种，见表2-2。

表 2-2　错账类型

会计凭证填制错误	内容有误	账簿登记错误	漏记
	计算错误		重记
	会计科目错误		记反账
	借贷方向错误		记账串户
	借贷金额有误		记错金额

2. 查找的方法

在日常的会计核算中，发生差错的现象时有发生。如果发现错误：一是要确认错误的金额；二是要确认错在借方还是贷方；三是根据产生差错的具体情况，分析可能产生差错的原因，采取相应的查找方法，便于缩短查找差错的时间，减少查账的工作量。

（1）查账的基本方法。

1）顺查法（亦称正查法）。顺查法是按照账务处理的顺序，从原始凭证、账簿、编制财务报表全部过程进行查找的一种方法。顺查法的检查程序：

检查原始凭证→核对记账凭证→核对日记账、明细账和总账→核对财务报表

首先检查原始凭证是否正确，然后将原始凭证同记账凭证相核对，接下来将记账凭证与有关账簿记录一笔一笔地进行核对，最后检查财务报表中项目是否正确完整，核对账表、表表是否相符。这种检查方法可以发现重记、漏记、错记科目、错记金额等。

这种方法的优点是查找的范围大，不易遗漏；缺点是工作量大，需要的时间比较长。所以在实际工作中，一般是在采用其他方法查找不到错误的情况下采用这种方法。

2）逆查法（亦称反查法）。这种方法与顺查法相反，是按照账务处理的顺序，按财务报表、账簿、原始凭证的过程进行查找的一种方法。逆查法的检查程序：

核对财务报表→追查至日记账、明细账和总账→核对记账凭证→检查原始凭证

即先检查财务报表中项目是否正确完整，然后将报表与账簿进行账表、表表核对，接着按照记录的顺序由后向前同有关记账凭证或原始凭证进行逐笔核对，最后检查有关原始凭证的填制是否正确。这种方法的优缺点与顺查法相同，所不同的是根据实际工作的需要，适用于在由于某种原因造成后期产生差错的可能性较大时采用的。

3）抽查法。抽查法是指抽取整个账簿记录的某部分进行局部检查的一种方法。当出现差错时，可根据具体情况分段、重点查找，将某一部分账簿记录同有关的记账凭证或原始凭证进行核对。还可以根据差错发生的位数有针对性地查找，如果差错是角、分，只要查找元以

下尾数即可；如果差错是整数的千位、万位，只需查找千位、万位数即可，其他的位数就不用逐项或逐笔地查找了。这种方法的优点是范围小，可以节省时间，减少工作量。

（2）查账的技术方法。

1）漏记的查找。

① 总账一方漏记。在试算平衡时，借贷双方发生额不平衡，出现差错，在总账与明细账核对时，会发现某一总账所属明细账的借（或贷）方发生额合计数大于总账的借（或贷）方发生额，也出现一个差额，这两个差额正好相等。而且在总账与明细账中有与这个差额相等的发生额，这说明总账的借（或贷）方漏记。借或贷方哪一方的数额小，漏记就在哪一方。

② 明细账一方漏记。在总账与明细账核对时可以发现。总账已经试算平衡，但在进行总账与明细账核对时，发现某一总账借（或贷）方发生额大于其所属各明细账借（或贷）发生额之和，说明明细账一方可能漏记，可对该明细账的有关凭证进行查对。

如果整张的记账凭证漏记，则没有明显的错误特征，只有通过顺查法或逆查法逐笔查找。

2）重记的查找。

① 总账一方重记。在试算平衡时，借贷双方发生额不平衡，出现差错，在总账与明细账核对时，会发现某一总账所属明细账的借（或贷）方发生额合计数小于该总账的借（或贷）方发生额，也出现一个差额，这两个差额正好相等，而且在总账与明细账中有与这个差额相等的发生额记录，说明总账借（或贷）方重记。借或贷方哪一方的数额大，重记就在哪一方。

② 如果明细账一方重记，在总账与明细账核对时可以发现。总账已经试算平衡，与明细账核对时，某一总账借（或贷）方发生额小于其所属明细账借（或贷）方发生额之和，则可能是明细账一方重记，可对与该明细账有关的记账凭证查对。

如果整张的记账凭证重记账，则没有明显的错误特征，只能用顺查法或逆查法逐笔查找。

3）记反账的查找。记反账是指在记账时把发生额的方向弄错，将借方发生额记入贷方，或者将贷方发生额记入借方。总账一方记反账，则在试算平衡时发现借贷双方发生额不平衡，出现差额。这个差额是偶数，能被2整除，所得的商数则在账簿上有记录。如果借方大于贷方，则说明将贷方错记为借方；反之，则说明将借方错记为贷方。如果明细账记反了，而总账记录正确，则总账发生额试算是正确的，可用总账与明细账核对的方法查找。

| 实 务 提 醒 |

财会人员在做会计分录、记账、结账时，由于担心、紧张、操作速度太快等，难免会出现一些差错。每一个环节的差错，都会直接影响财务账表平衡关系。因此，出现错账必须及时进行查找，尽快更正。查找错账方法掌握不好，则费时费神，工作效率低。查找错账时，要根据错账的差额，灵活运用各种技巧。相信只要你反复练习，熟练运用技巧，必定会练就一对"火眼金睛"。

（二）错账更正的常用方法

错账发现后，应视其错误的具体情况，采用不同的方法更正。常用的方法可以归纳为画线更正法、红字更正法、补充登记法三种。

1. 画线更正法

画线更正法是指用画线来更正错账的方法。这种方法适用于记账后结账前，如果发现账簿记录有错误，而记账凭证无错误，即纯属笔误造成登账时文字或数字出现的错误，应用画线更正法进行更正。

具体做法是：更正时，先在错误的数字或文字上画一道红线表示注销，但必须保证原有的字迹清晰可认；然后在红线上端的空白处记入正确的数字或文字，并由经办人员在更正处加盖印章，以示负责。需要注意的是，对于错误的数字应将整笔数字划掉。例如：把23 400误记为32 400，应将32 400全数用红线画去，在上方更正为23 400，不得只改32两个数字。

2. 红字更正法

红字更正法又称红字冲账法，是用红字冲销或冲减原记录数，以更正或调整账簿记录的一种方法。记账以后，如果发现记账凭证发生错误，导致记账错误时，可采用红字更正法进行更正，红字记录表示对原记录的冲减。红字更正法具体做法分两种情况。

1）记账所依据的记账凭证中应借应贷的方向、科目或金额有错误，导致账簿记录错误。具体做法是：首先用红字（只限金额用红字，其他项目用蓝字）填制一张与原错误凭证完全相同的记账凭证，在摘要中注明"冲销××××年××月××日××号凭证"，并用红字（金额）登记入账，以冲销原来的账簿记录；然后再用蓝字填制一张正确的记账凭证，在摘要中注明"更正××××年××月××日××号凭证"，并据以登记入账。冲销和订正的记账凭证后面可不附原始凭证。

| 课堂思考 |

2021年5月1日，车间生产乙产品领用圆钢3 500元。会计人员根据领料单编制记账凭证如下：

转12号：
借：制造费用　　　　　　　　　　　　3 500
　　贷：原材料——原料及主要材料　　　　3 500

二维码2-8
课堂思考答案

会计人员审核时，没有发现问题并据以登记入账，在账簿核对时，会计人员注意到生产领用的圆钢应直接记入产品生产成本，不应该记入制造费用。面对上述情况，应如何进行更正？

2）记账依据的会计凭证的金额有错误，并且错误金额大于应记金额，导致账簿记录金额多记，而会计科目及记账方向均无错误。

具体做法是：用红字（只限金额）填写一张会计科目、借贷方向与原记账凭证一致，但金额为多记金额的记账凭证，并在摘要栏注明"冲销××××年××月××日××号多记金额"，并据以记账，对原错误进行更正。

| 课堂思考 |

2021年6月10日销售给甲企业产品一批，价值38 000元，已办妥委托收款手续（不考虑增值税）。

二维码2-9
课堂思考答案

转43号：
借：应收账款——甲企业　　　　　　　　　　83 000
　　贷：主营业务收入　　　　　　　　　　　　　　83 000

并据以登记入账，2021年6月30日与甲企业对账时，发现双方记载不一致，查找到此笔错误记录，属多记45 000元。面对上述情况，应如何进行更正？

3. 补充登记法

补充登记法是补充登记账簿少记金额的一种方法。在记账以后，如果记账依据的会计凭证的会计科目及记账方向均无错误，只是金额有错误，并且错误金额小于应记的金额，导致账簿记录金额少记，这种情况下可用补充登记法。

具体做法是，填写一张会计科目、借贷方向与原始记账凭证一致，但金额是少记金额的记账凭证，并在摘要栏注明"补记××××年××月××日××号记账凭证少记金额"，并据以记账，这样便将少记的金额补充登记入账簿。

| 课堂思考 |

2021年7月13日销售给兴华产品一批，价值11 000元，已办妥委托收款手续（不考虑增值税）。原会计分录如下：

二维码2-10
课堂思考答案

转34号：
借：应收账款——兴华　　　　　　　　　　　10 000
　　贷：主营业务收入　　　　　　　　　　　　　　10 000

入账后发现错误，少记金额1 000元，应如何进行更正？

采用红字更正法和补充登记法，在重新填制的记账凭证摘要栏内，必须注明原记账凭证日期、编号及更正原因，以便查阅核实。

四、对账和结账

（一）对账

对账是指核对账目，即对账簿和账户所记录的有关数据加以检查和核对，从而保证会计记录真实可靠、正确无误。会计人员要按照各种账簿记录情况的不同，分别进行经常和定期的对账。

对账的内容一般包括账证核对，账账核对和账实核对。

1. 账证核对

账证核对是指账簿记录同记账凭证及其所附的原始凭证核对。账证核对在日常记账过程中就应进行,以便及时发现错账并进行更正。这是保证账账相符、账实相符的基础。

2. 账账核对

账账核对是指会计账簿之间的相对应记录核对相符。具体包括:

(1) 总分类账簿中全部账户的借方发生额合计与贷方发生额合计、期末借方余额合计与贷方余额合计分别核对相符。

(2) 库存现金日记账和银行存款日记账的期末余额,应与总分类账中"库存现金"和"银行存款"账户的期末余额核对相符。

(3) 总分类账的月末余额,应与其所属的各明细分类账月末余额的合计数核对相符。

(4) 会计部门有关财产物资明细账的期末结存数,应与财产物资保管或使用部门相应的保管账(卡)的结存数核对相符。

3. 账实核对

账实核对是指将账面结存数同财产物资、款项等的实际结存数核对。这种核对是通过财产清查进行的。具体包括:

(1) 库存现金日记账的账面余额与库存现金实存数每日核对相符。

(2) 银行存款日记账的账面记录与银行对账单核对相符,每月至少核对一次。

(3) 财产物资明细账的结存数定期与财产物资实存数核对相符。

(4) 各种应收款项、应付款项的明细账的账面余额,与有关单位或个人核对相符。

> **知识链接**
>
> **账 表 核 对**
>
> 当期末编制财务报表后,我们还需要进行账表核对,即会计账簿记录与财务报表有关内容进行核对。保证账表相符,同样也是会计核算的基本要求。由于财务报表是根据会计账簿记录及有关资料编制的,两者之间存在着相对应的关系。因此,通过检查财务报表各项目的数据与会计账簿有关数据是否一致,可以确保会计信息的质量。

(二) 财产清查

1. 财产清查的概念

财产清查是指通过实地盘点、核对、查询等方法,确定各项财产物资、货币资金、往来款项的实际结存数,并与账面结存数相核对,以确定账实是否相符的一种会计核算的专门方法。

在实际工作中,虽然账簿记录正确,账证、账账相符,但由于多种原因不能完全保证各项财产物资、货币资金和债权的账实相符。造成账实不符的原因主要有以下几种:

(1) 财产物资收发时,由于度量衡具的误差造成的差异。

(2) 工作人员在填制凭证、登记账簿的过程中,出现重记、漏记、错记或计算错误。

(3) 财产物资在保管中发生自然损耗,如鲜活商品的腐烂变质、易挥发物资的自然挥发等造成数量或质量上的降低。

(4) 由于管理不善或工作人员失职,而发生的财产物资残损、变质、短缺,如将物资露天堆放，遭受雨淋发生霉变等。

(5) 由于贪污盗窃、营私舞弊造成财产损失。

(6) 由于发生自然灾害，如水灾、火灾、地震，造成财产物资损失。

(7) 在结算过程中，由于往来双方记账时间不一致造成记录上的差异。

2. 财产清查的种类

(1) 按清查的范围和对象不同，财产清查可分为全面清查和局部清查。

1) 全面清查是指对属于本企业的所有实物财产、货币资金和往来款项等进行全面彻底的盘点、核对。一般在以下情况采用：年终决算之前，单位撤销、合并、改变隶属关系之前，单位主要负责人变动之前，开展清产核资时。

2) 局部清查是指根据实际需要，对部分财产物资及往来款项进行盘点、核对。常见于以下几种情况：库存现金每日业务终了时清点核对；银行存款每月至少核对一次；库存商品、原材料等年内轮流盘点或重点抽查，各种贵重物资，每月盘点一次；债权债务每年至少应同对方核对1~2次。

(2) 按清查的时间不同，财产清查可分为定期清查和不定期清查。

1) 定期清查是指按预先规定好的时间进行的财产清查。一般在月度、季度、年度末对账时进行。

2) 不定期清查是指根据实际需要而进行的临时性清查。常见于以下几种情况：更换财产保管人员时，出现关、停、并、转等情况，财产物资发生非常损失。

(3) 按清查的执行单位不同，财产清查可分为内部清查和外部清查两种。

1) 内部清查是指由本单位内部人员对本单位的财产物资进行的清查。大多数财产清查都是内部清查。

2) 外部清查是指由上级主管部门、审计机关、司法部门、注册会计师等，根据国家有关的规定或实际需要进行的财产清查。一般来讲，进行外部清查时应有本单位有关人员参加。

二维码2-11
课堂思考答案

| 课堂思考 |

财产清查是与编制会计凭证、登记账簿一样由企业财务部门来负责的吗？

3. 财产清查的准备工作

在进行财产清查前，必须做好各项准备工作，包括组织准备和业务准备，以保证财产清查的顺利进行。

(1) 组织准备。在财产清查前要成立财产清查工作领导小组，并配备工作人员。一般抽调财会、仓库以及其他业务人员组成清查小组，通过简短的学习和培训，使其明确本次清查的目的，掌握清查的技术、方法。

(2) 业务准备。为了使财产清查工作能准确、顺利进行，有关部门必须协助清查小组工作，在清查前做好以下准备工作：

1) 财会部门应在财产清查前，将所有的经济业务登记入账，结出余额，并核对正确，做到账证相符、账账相符,为财产清查提供准确可靠的账存数据。

2)财产物资部门和保管人员,应将截至清查日前的所有经济业务,办好原始凭证,并传递至相关部门,登记入账,结出余额。同时,对使用和保管的物资应按财产清查的要求,分类整理排列整齐,并挂上标签,以便财产清查的顺利进行。

3)对银行存款、银行借款和往来结算款项,要取得对账单。

4)准备好清查中需使用的各种度量衡具,并对其进行检查校正,以减少误差。

5)准备好清查中需使用的各种空白单据。

4. 财产清查的内容和方法

(1)货币资金的清查。

1)库存现金的清查。库存现金是通过实地盘点的方法,确定库存现金的实存数,再与库存现金日记账余额相核对,确定库存现金是否账实相符。

① 平常由出纳每日清点库存现金实有额,并与库存现金日记账余额相核对。

② 定期或不定期由专门的财产清查人员进行库存现金清查。采用这种方法清查时,出纳员必须在场,并由出纳员经手盘点,清查人员在旁监督。同时清查人员还要认真审核现金收付凭证和有关账簿,一切借条、收据不准抵冲现金,并查明库存现金是否超过限额。

清查结束后,根据盘点结果和库存现金日记账余额编制"库存现金盘点报告表"(格式见表2-3),并由清查人员和出纳员签章,这既是盘存清单,又是实存账存对比表。

表 2-3 库存现金盘点报告表

单位名称:　　　　　　　　　　　　　　年　月　日

实存金额	账存金额	实存与账存对比		备 注
		现金溢余	现金短缺	

主管(签章):　　　　盘点人(签章):　　　　出纳员(签章):

在清查库存现金时,除了要查明账实是否相符外,还要查明现金管理制度的执行情况,如是否有挪用现金,有无白条抵库,现金库存是否超过银行核定限额,有无坐支现金等现象。

2)银行存款的清查。银行存款的清查是采用核对的方法,将银行对账单与单位银行存款日记账相互核对,以查明银行存款是否正确。银行存款应至少每月与银行核对一次。

一般来讲,造成银行对账单与单位银行存款日记账不符的原因,主要有三个:①单位记录银行存款日记账有误;②银行存在记账错误;③存在未达账项。

所谓未达账项,是指由于结算手续和凭证传递处理时间的影响,造成单位与银行一方已入账,另一方尚未入账的账项。单位与银行的未达账项,一般有以下四种情况:

① 单位送存银行款项,单位已记录银行存款增加,银行尚未入账。

② 单位支付银行存款,单位已记录银行存款减少,银行尚未入账。

③ 银行代单位收取款项,已记录单位银行存款增加,单位尚未入账。

④ 银行代单位付出款项,已记录单位银行存款减少,单位尚未入账。

为了进一步检查对账错误,以及银行存款日记账和银行对账单中是否存在余额计算和抄写的错误,应根据查明的未达账项编制"银行存款余额调节表"。下面举例说明银行存款余额调节表的编制方法。

| 课堂思考 |

企业2021年10月31日银行存款日记账账面余额为36 500元,银行对账单余额为38 750元。经查发现有以下未达账项:
① 10月28日企业送存银行一张转账支票,金额4 000元,银行尚未入账。
② 10月29日银行收取企业借款利息426元,企业尚未收到付款通知。
③ 10月30日企业委托银行收款4 576元,银行已入账,企业尚未收到收款通知。
④ 10月31日企业开出转账支票一张,金额2 100元,持票单位尚未到银行办理手续。
根据以上资料,编制银行存款余额调节表。

二维码2-12
课堂思考答案

| 实务提醒 |

对于长期存在的未达账项应及时查明原因,予以解决;调节后的余额理论上是企业当时实际可以动用的存款数额;"银行存款余额调节表"只起对账作用,不能作为调整账面余额的凭证,企业应待有关结算凭证到达后,才能进行登记。

---

(2)实物资产的清查。实物资产包括原材料、在产品、库存商品和固定资产等。实物资产的核算涉及数量和金额两个方面。针对不同的清查对象,应选择不同的清查方法。由于各种实物资产的形态、体积大小和堆放方式不尽相同,清查方法一般有:

1)实地盘点。实地盘点是对实物资产堆放现场进行逐一清点数量或用计算仪器确定实存数的一种方法。多数实物资产的清查均可采用这种方法。

2)技术推算盘点。技术推算盘点是利用科学技术方法,来推算实物资产的结存数量。这种方法适用于大量成堆、难以逐一清点的物资,如散装的化肥、棉花等。

3)抽样盘点法。抽样盘点法是指从总体中选取所需要的个体,再通过盘点个体的数量,推断出总体数量的一种方法。这种方法适用于价值小、数量多、重量比较均匀的实物资产的清查。

为了明确经济责任,在实物资产清查过程中,实物保管人员与盘点人员必须同时在场清查。对盘点的结果,应如实登记"盘存单"(表2-4),并由盘点人员和实物保管人员签章。"盘存单"是记录实物盘点结果的书面证明,也是反映实物资产实有数的原始凭证。

为进一步查明盘点结果与账面结存是否一致,还要根据"盘存单"和有关账簿记录,填制"实存账存对比表"(表2-5),分析各种实物资产实存同账存之间的差异及产生差异的原因,明确经济责任。同时,该表还是调整账簿记录的原始凭证。

实际工作中,一般将盘点后的固定资产全部抄入固定资产"实存清单",再将该单与固定资产卡片逐一核对,对二者之间的差异,填列"固定资产盘盈、盘亏报告单"。

表 2-4 盘存单

单位名称：　　　　　　　　　　盘点时间：
财产类别：　　　　　　　　　　存放地点：　　　　　　　　　编号：

序号	名称	规格型号	计量单位	实存数量	单价（元）	金额（元）	备注

盘点人签章：　　　　　　　　　　　　　　　　　　　　　　实物保管人签章：

表 2-5 实存账存对比表

单位名称：　　　　　　　　　　＿＿年＿＿月＿＿日　　　　　　　　　　编号：

序号	名称	规格型号	计量单位	单价（元）	实存		账存		实存与账存对比				备注
					数量	金额	数量	金额	盘盈		盘亏		
									数量	金额	数量	金额	
		金额合计											

主管人员：　　　　　　　　　　会计：　　　　　　　　　　制表：

| 实 务 提 醒 |

造成账实不符的原因有些是正常的、难以避免的，有些是非正常的、可以避免的。为了掌握财产物资的真实情况，必须对各项财产物资进行定期或不定期的盘点与核对，确保账实相符。若在财产清查中发现账实不符，应根据实存数调整账面记录，并查明原因，采取相应措施，改进财产物资的保管工作，保障财产物资的安全完整。

（3）往来款项的清查

往来款项主要包括应收账款、应付款项、预收账款、预付款项等。往来款项的清查，一般采用函证核对方法进行清查，也就是在检查本单位各项往来结算账目正确、完整的基础上，按每一个经济往来单位编制"往来款项对账单"，送往对方单位进行账目核对。该对账单一式两联，其中一联作为回联单，对方单位核对相符后，在回联单上加盖公章退回，表示已核对；如发现数字不符，对方单位应在对账单中注明情况，或另抄对账单退回本单位，进一步查明原因，再行核对，直到相符为止。

"往来款项对账单"的一般格式和内容如图2-26所示。

往来款项对账单

×××单位：
　　你单位2020年12月12日到我公司购C产品1 800件，货款298 000元尚未支付，请核对后将回联单寄回。

　　　　　　　　　　　　　　　　　　　　　　　　　　清查单位：（盖章）
　　　　　　　　　　　　　　　　　　　　　　　　　　　　　年　月　日

------沿此虚线裁开，将以下回联单寄回！------

往来款项对账单（回联）
×××清查单位：
　　你单位寄来的"往来款项对账单"已收到，经核对相符无误。

　　　　　　　　　　　　　　　　　　　　　　　　　　×××单位：（盖章）
　　　　　　　　　　　　　　　　　　　　　　　　　　　　　年　月　日

图 2-26　往来款项对账单

5. 财产清查结果的处理

财产清查的结果有三种情况：①账存数与实存数相符；②账存数大于实存数，即盘亏；③账存数小于实存数，即盘盈。财产清查结果的处理一般指的是对账实不符——盘盈、盘亏情况的处理。但若账实相符中，财产物资发生变质、霉烂及毁损，这种情况也是其处理的对象。

一旦发现账存数与实存数不一致，应首先核准数字，并进一步分析形成差异的原因，明确经济责任，然后提出相应的处理意见，经规定的程序批准后，才能对差异进行处理。财产清查结果的账务具体分两步进行：

第一步，对已查明盘盈、盘亏的财产物资，根据有关的原始凭证编制记账凭证，登记入账，将财产物资的账存数调整为实存数，使账实相符。

第二步，待各种财产物资的盘盈、盘亏按规定程序报批处理后，根据盘盈、盘亏的性质、原因以及处理意见，编制记账凭证，将财产物资的盘盈、盘亏结转入有关账户。

（三）结账

结账就是在会计期末（月末、季末、年末）将本期内所有发生的经济业务全部登记入账以后，计算出本期发生额和期末余额。结账分月度结账（月结）、季度结账（季结）和年度结账（年结）三种。

1. 结账的内容

结账工作通常包括两项内容：

（1）结转收入、费用类账户。对于收入和费用两类账户，会计期末应将其余额结平，据以计算确定本期的利润或亏损，将经营成果在账面上体现出来，为编制利润表提供有关的依据。

（2）结算资产、负债和所有者权益类账户。对于资产、负债和所有者权益三类账户，会计期末应分别结出其总分类账和明细分类账的本期发生额及期末余额，并将期末余额结转为下期的期初余额，为编制资产负债表提供有关的依据。

2. 结账的主要程序

（1）检查本期内所发生的经济业务是否已经全部根据会计凭证记入有关账簿。不能为赶编报表而提前结账，也不能先编财务报表后结账。

（2）调整账项。对于应由本期负担的费用，应按规定的标准摊入本期费用；对于应由本期负担尚未支付的费用，应按规定的标准计入本期费用；对于属于本期的应收收入和预收收入，也应按规定标准确认，计入本期收入。

（3）本期发生的收入、费用类账户余额，期末结转"本年利润"账户，以计算和确定企业最终的财务成果。

（4）计算出资产、负债和所有者权益类账户的本期发生额和期末余额，以反映企业本期的财务状况。

3. 结账的方法

（1）月结。

1）日记账。库存现金、银行存款日记账，应按日结出余额，日结可自然进行，既可逐笔结余额，也可每隔五笔结一次余额，关键是每日的最后一笔应自然结出当日余额。实务中有的会计在进行库存现金日记账日结时，总是另起一行，摘要栏内写"本日合计"同时结出本日收入合计、支出合计及余额。这样做当然可行，只是一个月要另起一行写出三十个左右的"本日合计"，既占篇幅，又没必要。

库存现金、银行存款日记账的月结方法：在本月最后一笔记录下面画一条通栏单红线，并在下一行的摘要栏中用红字居中书写"本月合计"，同时在该行结出本月发生额合计及余额，然后在"本月合计"行下面再画一条通栏单红线。银行存款日记账月结举例如图2-27所示。

银 行 存 款 日 记 账

开户行名称：工商银行杭州西湖支行　　　　　　　　　　　　　　　　　　　　　银行账号：

年2020		凭证编号		摘要	结算凭证		借方									✓	贷方									✓	余额								
月	日	类	号		类	号	百	十	万	千	百	十	元	角	分		百	十	万	千	百	十	元	角	分		百	十	万	千	百	十	元	角	分
				承前页					1	9	7	0	0	0	0					5	5	0	0	0	0				8	6	0	0	0	0	0
12	03	记	3	支付广告费																6	0	0	0	0	0				8	0	0	0	0	0	0
	15	记	7	提现																9	7	0	0	0	0				7	0	3	0	0	0	0
	30	记	16	提现																2	0	0	0	0	0				5	0	3	0	0	0	0
				本月合计																3	5	7	0	0	0				5	0	3	0	0	0	0
				本年累计					1	9	7	0	0	0	0					4	1	2	0	0	0				5	0	3	0	0	0	0
				结转下年																									5	0	3	0	0	0	0

图 2-27　银行存款日记账

2）明细账。若某一明细账的业务量较大，平时可每隔五天结一次余额。明细账在月结时应注意区别以下几种情况：

① 本月没有发生额的账户，不必进行月结，不画结账红线。

② 对需要按月结出本月发生额的账户，如应交税费、生产成本、制造费用及各种损益类明细账等。由于财务报表须填写本月发生额，都要结出"本月合计"发生额及余额，并在"本月合计"行下面画一条通栏单红线。

③ 对需要结计本年累计发生额的账户，按月结出本年累计发生额，在"本月合计"字样下画一条通栏单红线后，下面一行摘要栏注明"本年累计"字样，并结出发生额及余额，并在"本年累计"行下画一条通栏单红线。

④ 不需按月结本月发生额的账户，如各项应收、应付款及各项财产物资明细账等，在月末结出余额后，只需在本月最后一笔记录下面画一条通栏单红线，表示"本月记录到此结束"。

3）总账。业务较多的总账账户，平时也可每隔五天结一次余额，月末结出月末余额，实务中月末既可不结计"本月合计"，也可结计"本月合计"。不结计"本月合计"的在结出月末余额后，只需在本月最后一笔记录下面画一条通栏单红线，表示"本月记录到此结束"。但若是需要结计"本月合计"及本年累计发生额的账户，其结账方法与上述明细账所述结账方法相同。

（2）年结。

1）各账户封账。年终结账时，各账户按上述方法进行月结的同时，为了反映全年各项资产、负债及所有者权益增减变动的全貌，便于核对账目，要将所有总账账户结计全年发生额和年末余额,在摘要栏内注明"本年合计"字样,并在该行下面画通栏双红线,表示"年末封账"。

2)结转新账。结转下年时,凡是有余额的账户,都应在年末"本年累计"行下面画通栏双红线,在下面摘要栏注明"结转下年"字样,不需编制记账凭证,但必须把年末余额转入下年新账。以银行存款日记账为例,结账方法举例如图2-27所示。转入下年新账时,应在账页第一行摘要栏内注明"上年结转"字样,并在余额栏内填写上年结转的余额。

| 实 务 提 醒 |

对于新的会计年度建账,一般说来,总账、日记账和多数明细账应每年更换一次。但有些财产物资明细账和债权债务明细账,由于材料品种、规格和往来单位较多,更换新账重抄一遍工作量较大,因此可以跨年度使用,不必每年更换一次,各种备查簿也可以连续使用。

知识链接

结账的技能

1. 结计"过次页"发生额

结计"过次页"的发生额,应根据不同账户记录,采用不同的方法:

(1)对需要按月结出本月发生额的账户,结计"过次页"的合计数,应为从本月初至本页末止的发生额的合计数,此举便于本月结账时加计"本月合计"数额。

(2)对需要结计"本年累计"的账户,结计"过次页"的本页合计数,应为从年初起至本页末止的累计数,此举便于年终结账时加计"本年累计"数额。

(3)结计"过次页"之后,在下一页第一行摘要栏内注明"承前页"字样,并在发生额和余额栏内填写上页结转数。

2. 结转账户余额

(1)将账户年末余额,以相反的方向记入最后一笔账下的发生额内。例如,某账户年末为借方余额,在结账时,将此项余额填列在贷方发生额栏内(余额如为贷方,则做相反记录),在摘要栏填明"结转下年"字样,在"借或贷"栏内填"平"字并在余额栏的"元"位上填列"θ"符号,表示账目已经结平。

(2)在"本年累计"发生额的次行,将年初余额按其同方向记入发生额栏内,并在摘要栏内填明"上年结转"字样;在次行登记年末余额,如为借方余额,填入贷方发生额栏内,反之则记入借方,并在摘要栏填明"结转下年"字样。同时,在下一行加计借、贷各方的总计数,并在该行摘要栏内填列"总计"两字,在"借或贷"栏内填"平"字,在余额栏的"元"位上填列"0"符号,以示账目已结平。会计期末结账主要采用画线结账法,即期末结出各账户的本期发生额和期末余额后,加以画线标记,将期末余额结转下期。

任务总结

会计账簿的这部分技能重在理解,需要反复练习加以巩固掌握。数字的积累是从"零"开始,技能的学习是从"基础"练起。首先得明白企业需要建立的会计账簿及其种类，因为不同的账簿应使用不同的账页格式反映相关的内容。总账只反映货币计量指标，所以一般采用三栏式订本账；各明细账是详细记录某项经济业务的账簿，根据管理要求和经济业务的内容不同，可采用三栏式明细账、数量金额式明细账或多栏式明细账。

为了保证账簿整体的准确性，应严格按照账簿启用、账簿交接和账簿登记各项要求，当发现账簿记录有错误时应按正确的方法更正。在会计期末（月末、季末、年末）应将本期内所有发生的经济业务全部登记入账以后，计算出本期发生额和期末余额，这是结账。期末还必须进行账簿记录的核对，即对账。对账和结账都是期末会计账簿工作必不可少的两项工作。在对账中，财产清查是会计核算的专门方法之一，主要包括货币资金的清查、实物财产的清查和往来款项的清查，其中银行存款的清查是重点内容之一。

| 职业素养　　日清月结，今日事今日毕 |

在会计账簿登记中对有一类账簿登记时效特别严格，就是日记账。日记账又称序时账，是按经济业务发生和完成时间的先后顺序进行登记的账簿，要求日清月结，以便于财务计划管理，资金及时管控。

在实际工作中有些会计人员却连这项基本工作要求都没有达到，其中有些会计是因为拖拉，做不到"今日事，今日毕"。这样很可能造成库存现金和银行存款的账务混乱，比如这个月份没有做好，下个月就很难对上账。

时间是最不可思议的东西。有人觉得它很漫长，因为它永无止境；也有人觉得它很短暂，因为它总是在不经意间流走。其实时间就是人类的珍贵资源，大家不要拖拉、懒惰，将本该今天完成的事情当即做完，不要拖拉到明天。"今日事，今日毕"这句话反映在我们学习上也是同样的道理，未来都是每一个"今天"的累积，奔着"今天"的目标去，每天都会获得积累。

作为未来将是中华民族伟大复兴的亲历者与实践者的当代大学生，更应该努力学习，将知识积累，为将来更好地肩负起党和人民赋予的职责，为我国的建设和发展贡献智慧、凝聚力量。

任务三　编制财务报表

引导案例

浙江正格已正常运作一段时间，转眼到了年底，王正华、魏宏宇和徐健飞都想知道目前公司运营情况到底怎么样了，他们让财务人员汇报一下公司的财务状况，财务人员张婷芳首先拿了一套财务报表分别复印给了三位投资人。

二维码2-13
引导案例答案

案例思考：
几位投资者从财务报表中能够了解到企业财务状况和经营成果的哪些信息呢？

一、财务会计报告概述

(一) 财务会计报告的概念

1. 财务会计报告的内容

财务会计报告是指企业对外提供的反映企业某一特定日期的财务状况和某一会计期间的经营成果、现金流量等会计信息的文件。财务会计报告是企业会计信息的主要载体,主要由财务报表、财务报表附注和其他应当在财务会计报告中披露的相关信息和资料组成。从反映内容上看,企业的财务会计报告包括文字报告部分和财务报表两部分。

(1) 文字报告部分。文字报告部分不是财务报表,许多财务报表数字不能表达的内容和数字背后隐含的内容,需要通过文字部分来加以说明。这部分主要包括财务报表附注、财务情况说明书以及注册会计师的审计报告等。其中财务报表附注是对财务报表的补充说明和具体解释。一些财务报表数字本身难以表达的内容,可以通过附注来说明。它是报表使用者阅读和分析财务报表的基础。

(2) 财务报表部分。分对外报送的财务报表及对内报告的财务报表。根据《企业会计准则第30号——财务报表列报》要求,财务报表至少应当包括资产负债表、利润表、现金流量表、所有者权益(或股东权益)变动表和附注。

2. 财务会计报告的作用

财务会计报告提供的资料与其他核算资料相比,具有更集中、更概括、更系统和更有条理性的特点。因此,财务报表所揭示的财务信息,无论对于国家经济管理部门,还是企业的投资者和债权人,以及企业、行政、事业各单位自身,都具有重要的作用。

(1) 财政、税务、银行、审计等国家经济管理部门,运用单位上报的财务会计报告,了解各单位财务状况和经营成果,便于检查、监督各单位财经政策、法规、纪律、制度的执行情况,更好地发挥国家经济管理部门的指导、监督、调控作用。同时,各地区、各部门的汇总财务报表提供的信息,为国家制定和修订经济政策、编制国民经济计划、进行综合平衡等工作,提供可靠的依据。

(2) 企业的投资者、潜在投资者和债权人、潜在债权人,利用财务会计报告提供的财务信息,了解有关经营成果、财务状况及其变动情况,分析企业的偿债能力和获利能力,预测企业发展前景,以便做出正确的投资决策和信贷决策。

(3) 企业、行政、事业等单位的各级管理人员,通过财务会计报告了解本单位在一定时期内经济活动情况和成果,了解财务、成本各项指标的完成状况和计划经费收支预算的执行情况。从而分析、考核内部各部门的工作业绩,总结经验,发现问题,采取措施,改进管理,提高经济效益,并为单位进行经济预测和决策提供重要依据。

(二) 财务报表的种类

财务报表是对企业财务状况、经营成果和现金流量的结构性表述,可以根据需要,按照不同的标准进行分类。

1. 财务报表按反映的经济内容不同,分为静态报表和动态报表

(1) 静态报表是指综合反映企业某一特定日期资产、负债和所有者权益状况的报表,如资产负债表。静态报表的数字来自有关账簿的期末余额。

（2）动态报表是指综合反映企业一定时期的经营成果或现金流动情况的报表，如利润表、现金流量表和所有者权益变动表。动态报表的数字来自有关账簿的本期发生额。

2. 财务报表按编报时间不同，分为中期报表和年度报表

（1）中期报表是指以中期为基础编制的财务报表。按企业会计准则的要求，凡短于一个完整的会计年度的报告期间的报表均属于中期报表，月份、季度、半年度报表均可称为中期报表。

（2）年度报表简称年报，每年末编制。年报要求充分揭示，全面反映，所以对外报送的所有财务报表年末均须编制。

3. 财务报表按服务对象不同，分为内部报表和对外报表

（1）内部报表是用于企业自身经营管理，只向单位内部经营管理者提供而不对外公布的财务报表。这种报表不需要规定统一的格式，企业可以根据实际管理需要设计和编制内部报表，如产品成本表、制造费用明细表、管理费用明细表等。

（2）对外报表是指向企业以外的投资人、债权人、政府机构及社会公众定期报送或公布的财务报表。这种报表的种类、内容和格式由国家财政部统一设定。企业对外报送的财务报表主要有资产负债表、利润表、现金流量表和所有者权益变动表。

> **知识链接**
>
> **合并财务报表和汇总财务报表**
>
> 合并财务报表是指由母公司或控股公司编制的，以母公司或控股公司的个别报表为基础编制的综合反映企业集团财务状况、经营成果和现金流量情况的财务报表。
>
> 汇总财务报表是由企业主管部门或专业公司将其附属单位报送的财务报表，连同本单位财务报表汇总而编制的综合性财务报表。

（三）财务报表的编制要求

为了保证财务报表的质量，充分发挥其在经济管理中的作用；为了使财务报表能够最大限度地满足各有关方面的需要，使报表使用者能清楚地了解企业财务状况和经营成果，在编制财务报表时应做到真实可靠、相关可比、全面完整、编报及时和便于理解。

1. 真实可靠

财务报表必须如实地反映企业的财务状况、经营成果和现金流动情况，使财务报表各项目的数据建立在真实可靠的基础上。因此，要求财务报表编制者必须根据核实无误的账簿记录和其他资料为依据编制，不得以任何方式弄虚作假。

2. 相关可比

企业财务报表所提供的财务会计信息必须与报表使用者进行决策所需要的信息相关，并且便于报表使用者在不同企业之间，以及同一企业前后各期之间进行比较。因此，要求企业对于对外报送的财务报表要按统一的格式编制。

3. 全面完整

财务报表应当全面反映企业生产经营活动的全貌，全面反映企业财务状况和经营成果，以满足财务报表使用者对会计信息多方面的需要。为保证财务报表的全面完整，企业在编制财务报表时，凡是国家要求编报的财务报表，必须按照有关准则、制度规定的种类、格式和内容填写，特别是对于企业某些重要的事项，应当按照要求在财务报表附注中说明，不得漏编漏报、漏填漏列。

4. 编报及时

企业财务报表所提供的资料，具有很强的时效性。只有及时编制和报送财务报表，才能为会计信息使用者提供决策所需的信息资料。否则，便失去其应有的价值。因此，要求企业要按照规定期限或报表使用者的要求，如期编制和报送财务报表。

5. 便于理解

企业编制的财务报表应清晰明了。如果提供的财务报表晦涩难懂，不易于理解，使用者就不能据以做出准确的判断，所提供的财务报表也会毫无用处。

二、编制资产负债表

（一）概述

1. 资产负债表的性质

资产负债表是反映企业在某一特定日期财务状况的报表，如公历每年12月31日的财务状况。特定日期是指月末、季末、年末。

资产负债表是根据"资产=负债+所有者权益"这一会计恒等式反映资产、负债和所有者权益这三个会计要素的相互关系，把企业在某一特定日期的资产、负债和所有者权益各项目按照一定的分类标准和一定的排列顺序编制而成，是企业需对外报送的主要财务报表之一。

资产负债表表明企业某一时点静态的财务状况，即：企业所拥有或控制的经济资源的数额及其构成情况，企业所负担的债务数额及构成情况，企业的所有者在企业享有的经济利益数额及构成情况。

2. 资产负债表的作用

资产负债表主要提供有关企业财务状况方面的信息。通过资产负债表，还可以提供进行财务分析的基本资料，表明企业的变现能力、偿债能力和资金周转能力，从而有助于财务报表使用者做出经济决策。编制资产负债表对于不同的会计信息使用者具有不同的作用。例如，企业债权人和供应商通过资产负债表了解企业的偿债能力与支付能力及现有财务状况，以便分析财务风险，预测未来现金流动情况，做出贷款及营销决策。

3. 资产负债表的内容

资产负债表一般由报表的表头、报表的表身和报表的表尾三部分组成。

（1）报表的表头，包括报表名称、编制单位、编制日期、报表编号、货币名称和计量单位等内容。由于资产负债表反映企业在某一时点总的财务状况，属于静态报表，因此，一定要注明是某年某月某日的报表。

（2）报表的表身。资产负债表以"资产=负债+所有者权益"的会计恒等式为基础，反映企业在报告日的资产、负债及所有者权益的项目和余额情况。表身包括资产、负债和所有者权益各项目的年初数和期末数。

（二）资产负债表的结构和编制方法

资产负债表各类项目在表中的排列结构不同，就形成了不同的资产负债表格式。

> **知识链接**
>
> **资产负债表的格式**
>
> 资产负债表的格式一般有两种：报告式资产负债表和账户式资产负债表。报告式资产负债表又称垂直式资产负债表，是将资产、负债和所有者权益项目采用垂直分列的形式排列于表格的上下两段，上半部列示资产，下半部列示负债和所有者权益。具体排列形式又有两种：一是按"资产＝负债＋所有者权益"的原理排列；二是按"资产－负债＝所有者权益"的原理排列。报告式资产负债表和账户式资产负债表在国外都被广泛地应用，我国采用的是账户式资产负债表。

1. 资产负债表的结构

我国的资产负债表采用账户式格式，又称为平衡式资产负债表，见表2-6。账户式资产负债表的平衡关系体现在左方的资产总计等于右方的负债和所有者权益总计，资产、负债、所有者权益三个要素是企业财务状况的静态反映，被称为资产负债表的要素。三者形成了反映特定日期财务状况的平稳公式，即资产=负债+所有者权益。该方程式既揭示了资产负债项目的内在联系，同时也是检查资产负债表编制正确与否的基本依据。

表 2-6 资产负债表

会企01表

编制单位：　　　　　　　　　　年　月　日　　　　　　　　　单位：元

资产	期末余额	年初余额	负债和所有者权益（或股东权益）	期末余额	年初余额
流动资产：			流动负债：		
货币资金			短期借款		
交易性金融资产			交易性金融负债		
衍生金融资产			衍生金融负债		
应收票据			应付票据		
应收账款			应付账款		
预付款项			预收款项		
其他应收款			合同负债		
存货			应付职工薪酬		
合同资产			应交税费		
持有待售资产			其他应付款		
一年内到期的非流动资产			持有待售负债		
其他流动资产			一年内到期的非流动负债		

(续)

资　　产	期末余额	年初余额	负债和所有者权益 （或股东权益）	期末余额	年初余额
流动资产合计			其他流动负债		
非流动资产：			流动负债合计		
债权投资			非流动负债：		
其他债权投资			长期借款		
长期应收款			应付债券		
长期股权投资			其中：优先股		
其他权益工具投资			永续债		
其他非流动金融资产			长期应付款		
投资性房地产			预计负债		
固定资产			递延收益		
在建工程			递延所得税负债		
生产性生物资产			其他非流动负债		
油气资产			非流动负债合计		
无形资产			负债合计		
开发支出			所有者权益（或股东权益）：		
商誉			实收资本（或股本）		
长期待摊费用			其他权益工具		
递延所得税资产			其中：优先股		
其他非流动资产			永续债		
非流动资产合计			资本公积		
			减：库存股		
			其他综合收益		
			专项储备		
			盈余公积		
			未分配利润		
			所有者权益（或股东权益）合计		
资产总计			负债和所有者权益 （股东权益）合计		

账户式资产负债表的结构可以概括为以下几方面：

（1）资产负债表分为左右两方，左方为资产项目，右方为负债和所有者权益项目，左方的资产总计等于右方的负债和所有者权益总计。

（2）资产项目按照各项资产的流动性的大小或变现能力的强弱顺序排列。

流动性大、变现能力强的项目排前面，流动性小、变现能力弱的项目排后面。依此，先是流动资产，后是非流动资产。

（3）负债与所有者权益项目按照权益顺序排列。

由于负债是必须清偿的债务，属于第一顺序的权益，具有优先清偿的特征，而所有者权益则是剩余权益，在正常经营条件下不需要偿还，所以负债在先、所有者权益在后。

（4）负债内部项目按照偿还的先后顺序排列。

按照到期日由近至远的顺序，偿还期近的负债项目排前面，偿还期较远的负债项目排后面。依此，先是流动负债，后是非流动负债。

（5）所有者权益内部项目按照稳定性程度或永久性程度高低顺序排列。

稳定性程度或永久性程度高的项目排前面，稳定性程度或永久性程度较低的项目排后面。依此，先是实收资本（或股本），因为实收资本是企业经过法定程序登记注册的资本金，通常不会改变，所以稳定性最好，其次是资本公积、盈余公积和未分配利润项目。

2. 资产负债表的编制方法

资产负债表的"年初余额"栏是根据上年末资产负债表的"期末余额"栏直接填列，而"期末余额"栏的填列，可以分为以下几种情况：

（1）根据总账科目余额直接填列。资产负债表的"期末余额"栏内，有些项目可根据总账科目余额填列。如"短期借款""资本公积"等项目，根据相关总账科目的余额直接填列。

（2）根据几个总账科目的余额分析计算填列。资产负债表"期末余额"栏内，有些项目可根据几个总账科目的余额计算填列。例如，"货币资金"项目，应当根据"库存现金""银行存款""其他货币资金"三个总账科目期末余额的合计数填列。

（3）根据有关明细科目的余额分析计算填列。资产负债表"期末余额"栏内，有些项目根据有关明细科目的余额计算填列。例如："应付账款"项目，应当根据"应付账款"和"预付账款"科目所属的相关明细科目期末贷方余额合计数填列；"应交税费"项目，应根据"应交税费"科目的明细科目期末余额分析填列，其中的借方余额，应当根据其流动性在"其他流动资产"或"其他非流动资产"项目中填列，"应交税费——待转销项税额"等科目期末贷方余额应根据情况，在资产负债表中的"其他流动负债"或"其他非流动负债"项目列示；"一年内到期的非流动资产""一年内到期的非流动负债"项目，应根据有关非流动资产或负债项目的明细科目余额分析填列；"应付职工薪酬"项目，应根据"应付职工薪酬"科目的明细科目期末余额分析填列；"未分配利润"项目，应根据"利润分配"科目中所属的"未分配利润"明细科目期末余额填列。

（4）根据总账科目和明细科目的余额分析计算填列。资产负债表"期末余额"栏内，有些项目根据总账科目和明细科目的余额分析计算填列。例如，"长期借款"项目，应当根据"长期借款"总账科目余额扣除"长期借款"科目所属的明细科目中将在资产负债表日起一年内到期，且企业不能自主地将清偿义务展期的长期借款后的金额计算填列。

（5）根据总账科目与其备抵科目抵消后的净额填列。资产负债表"期末余额"栏内，一些项目根据总账科目与其备抵科目抵消后的净额填列。例如:"固定资产""无形资产""投资性房地产"项目,应根据相关科目的期末余额扣减相关的累计折旧(或摊销、折耗)填列,已计提减值准备的,还应扣减相应的减值准备,折旧(或摊销、折耗)年限(或期限)只剩一年或不足一年的,仍在上述项目中列示,不转入"一年内到期的非流动资产"项目,采用公允价值计量的上述资产,应根据相关科目的期末余额填列;"长期应收款"项目,应根据"长期应收款"科目的期末余额,减去相应的"未实现融资收益"科目和"坏账准备"科目所属相关明细科目期末余额后的金额填列;"长期应付款"项目,应根据"长期应付款"和"专项应付款"科目的期末余额,减去相应的"未确认融资费用"科目期末余额后的金额填列。

(6)综合运用上述填列方法分析填列。资产负债表"期末余额"栏内,一些项目综合运用上述填列方法分析填列。例如:"应收票据""其他应收款"项目,应根据相关科目的期末余额,减去"坏账准备"科目中有关坏账准备期末余额后的金额填列;"应收账款"项目,应当根据"应收账款"和"预收账款"科目所属各明细科目的期末借方余额合计数,减去"坏账准备"科目中有关应收账款计提的坏账准备期末余额后的金额填列;"预付款项"项目,应当根据"预付账款"和"应付账款"科目所属明细科目的期末借方余额合计数,减去"坏账准备"科目中有关预付款项计提的坏账准备期末余额后的金额填列;"存货"项目,应当根据"材料采购""原材料""库存商品""委托加工物资""发出商品""周转材料""生产成本""受托代销商品"等科目期末余额合计,减去"受托代销商品款""存货跌价准备"科目期末余额后的金额填列。

> **| 课堂思考 |**
>
> 浙江正格电子设备有限责任公司 2021 年 12 月 31 日应收、预收账款总账、明细账余额如图 2-28 所示。
>
> | 总 账 | | | 应收账款明细账 | | | 预收账款明细账 | | |
> |---|---|---|---|---|---|---|---|---|
> | 科 目 | 金 额 | 借或贷 | 科 目 | 金 额 | 借或贷 | 科 目 | 金 额 | 借或贷 |
> | 应收账款 | 350 000 | 借 | 甲企业 | 300 000 | 借 | A企业 | 22 500 | 贷 |
> | 预收账款 | 20 000 | 贷 | 乙企业 | 100 000 | 借 | B企业 | 2 500 | 借 |
> | | | | 丙企业 | 50 000 | 贷 | 合计 | 20 000 | 贷 |
> | | | | 合计 | 350 000 | 借 | | | |
>
> 图 2-28 应收、预收账款总账、明细账余额
>
>
> 二维码2-14
> 课堂思考答案
>
> 则:2020 年 12 月 31 日浙江正格电子设备有限责任公司资产负债表中"应收账款""预收账款"项目期末余额的列报金额分别是多少?

> **| 课堂思考 |**
>
>
> 二维码2-15
> 课堂思考答案
>
> 浙江正格 2021 年 12 月 31 日"固定资产"科目借方余额为 200 万元,"累计折旧"科目贷方余额为 50 万元,"固定资产减值准备"科目贷方余额为 30 万元,则 2021 年 12 月 31 日浙江正格资产负债表中"固定资产"项目期末余额的列报金额应为多少?

（三）资产负债表的编制举例

| 课堂思考 |

浙江正格2021年12月31日有关科目的期末余额资料见表2-7。

表2-7 浙江正格科目余额　　　　　单位：元

科目名称	借方余额	科目名称	贷方余额
库存现金	2 000	短期借款	1 770 000
银行存款	5 980 000	应付票据	681 200
其他货币资金	68 800	应付账款	5 476 000
应收票据	80 000	应付职工薪酬	434 587
应收账款	1 452 600	应付股利	540 700
坏账准备	-38 428	应交税费	1 007 500
其他应收款	25 200	其他应付款	453 450
在途物资	252 050	长期借款	5 600 000
原材料	683 450	其中：一年内到期长期借款	400 000
库存商品	10 038 350	实收资本	11 500 000
生产成本	2 123 650	资本公积	900 000
存货跌价准备	-98 200	盈余公积	600 000
债券投资	1 769 000	未分配利润	910 391
债券投资减值准备	-12 000		
长期股权投资	666 800		
长期股权投资减值准备	-96 600		
固定资产	9 678 200		
累计折旧	-4 663 900		
固定资产减值准备	-90 000		
无形资产	641 900		
累计摊销	-56 900		
长期待摊费用	1 476 000		
合　计	29 873 828	合　计	29 873 828

注：
1. "应收账款"所属明细科目借方余额合计数为1 537 600元，贷方余额合计数为85 000元。
2. 坏账准备按应收账款和其他应收款期末余额的3%比例计提。
3. "持有至到期投资"中将于一年内到期项目借方余额为150 000元，计提的减值准备为4 000元。
4. "长期待摊费用"中将于一年内摊销的金额为258 000元。

根据上述资料编制浙江正格2021年12月31日的资产负债表。

二维码2-16
课堂思考答案

三、编制利润表

(一) 概述

1. 利润表的性质

利润表属于动态报表,是反映企业在一定会计期间经营成果的财务报表。企业每个月都应该编制当月的利润表,用以反映当期企业利润的组成以及所得与所耗之间配比效果方面的信息。

2. 利润表的作用

利润表可以反映企业在一定会计期间收入、费用、利润(或亏损)的数额、构成情况,帮助财务报表使用者全面了解企业的经营成果,分析企业的获利能力及盈利增长趋势,从而为其做出经济决策提供依据。利润表的作用如下:

(1) 反映企业的盈利能力,评价企业的经营业绩。经营管理者通过对利润表的分析,可以了解企业一定会计期间内的收入实现情况和耗费情况,进而了解企业生产经营活动的成果,将利润表中的信息与资产负债表中的信息结合起来分析,便于评价企业的管理水平和经营业绩。

(2) 发现企业经营管理中的问题,为经营决策提供依据。通过分析比较利润表中各项构成要素,并与以前各期相比较,可以了解企业各项收入、费用和利润的升降趋势及其变化幅度,找出原因所在,发现经营管理中存在的问题,以便做出经营与管理决策。

(3) 揭示利润的变化趋势,预测企业未来的获利能力。利润表是涉及两个年度的比较报表。通过分析企业前后期的项目的增减变动情况,可以预测企业未来的获利趋势。

(4) 帮助投资者和债权人做出正确的投资与信贷决策。通过对企业利润的分析,揭示出企业的经营潜力及发展前景,从而帮助投资者和债权人做出正确的投资与信贷决策。除此之外,利润分析对于国家宏观管理者研究企业对国家的贡献也有重要的意义。

(5) 为企业在资本市场融资提供重要依据。通过利润表反映的企业盈利能力的大小、实现净利润的高低,是企业能否在资本市场上融资以及影响融资规模的重要依据。

(二) 利润表的格式

利润表一般由表首、正表和补充资料三部分构成。

利润表的表首主要包括报表名称、编制单位、编制日期、报表编号和数量单位等要素。

利润表的正表是利润表的主体部分,主要反映收入、费用和利润各项目的具体内容及其相互关系。我国利润表的栏目一般设有"本月数"和"本年累计"两栏,"本月数"栏反映表中各项目的本月实际发生数,"本年累计"栏反映各项目年初起至本月止累计实际发生数。在编制年度财务报表时,应填列上年全年累计实际发生数,并将"本年累计"改为"上年数"。如果上年度利润表的项目名称和内容与本年度利润表不一致,应对上年度报表项目的名称和数字按本年度的规定进行调整后,再填入报表的"上年金额"栏。

利润表的补充资料主要是用于那些影响本期财务报表金额或未来经营活动，而在本期利润表中无法或不便于表达的项目，以便于报表使用者准确地分析企业的经营成果。

利润表的编制依据是收入、费用与利润三者之间的相互关系，即"收入－费用=利润"。利润表的格式主要有单步式利润表和多步式利润表两种。

> **知识链接**
>
> **利润表的格式**
>
> 利润表的格式主要有单步式利润表和多步式利润表两种。单步式利润表是将所有收入和所有费用、损失分别加总，然后两者相抵，计算出当期净利润。我国采用多步式结构，多步式利润表列示了销售收入净额和其他成本费用的详细计算过程，并且还列出了各个项目的小计。

（三）利润表要素之间的关系

多步式利润表中净利润的计算步骤如下：

（1）计算营业利润：

营业利润=营业收入－营业成本－税金及附加－销售费用－管理费用－研发费用－财务费用－资产减值损失－信用减值损失+净敞口套期收益（损失以"－"号填列）+公允价值变动收益（损失以"－"号填列）+投资收益（损失以"－"号填列）+资产处置收益（损失以"－"号填列）+其他收益

（2）计算利润总额。

利润总额=营业利润+营业外收入－营业外支出

营业外收入是指企业发生的与其经营活动无直接关系的各项收入；

营业外支出是指企业发生的与其经营活动无直接关系的各项支出，其中包括非流动资产处置净损失（净收益以"－"号填列）。

（3）计算净利润。

净利润=利润总额－所得税

所得税是指企业确认的应从当期利润总额中扣除的所得税费用。

税后净利润归属于企业所有者，因此，企业若实现了净利润就增加了所有者权益，而发生净亏损则减少了所有者权益。

在利润表中，还列示了基本每股收益和稀释每股收益。基本每股收益是指企业普通股股东持有每一股份所能享有企业利润或承担企业亏损的业绩评价指标；稀释每股收益是指企业存在具有稀释性潜在普通股的情况下，以基本每股收益的计算为基础，在分母中考虑稀释性潜在普通股的影响，同时对分子也做相应调整后的业绩评价指标。

利润表的具体格式见表2-8。

表 2-8 利 润 表

会企 02 表

编制单位： 　　　　　　　　年度： 　　　　　　　　单位：

项　目	本 年 金 额	上 年 金 额
一、营业收入		
减：营业成本		
税金及附加		
销售费用		
管理费用		
研发费用		
财务费用		
其中：利息费用		
利息收入		
加：其他收益		
投资收益（损失以"-"号填列）		
其中：对联营企业和合营企业的投资收益		
以摊余成本计量的金融资产终止确认收益（损失以"-"号填列）		
净敞口套期收益（损失以"-"号填列）		
公允价值变动收益（损失以"-"号填列）		
信用减值损失（损失以"-"号填列）		
资产减值损失（损失以"-"号填列）		
资产处置收益（损失以"-"号填列）		
二、营业利润（亏损以"-"号填列）		
加：营业外收入		
减：营业外支出		
三、利润总额（亏损总额以"-"号填列）		
减：所得税费用		
四、净利润（净亏损以"-"号填列）		
五、每股收益		
其中：基本每股收益		
稀释每股收益		

(四) 利润表的编制说明

利润表各项目均需填列"本期金额"和"上期金额"两栏。

1. 利润表中的"上期金额"栏内各项数字

"上期金额"栏内各项数字应根据上期利润表的"本期金额"栏所列各项目数字填列。如果上期利润表规定的各项目的名称和内容与本期不一致，应对上期利润表各项目的名称和数字按本期规定进行调整，填入本表的"上期金额"栏内。

2. 利润表中的"本期金额"栏内各项数字

"本期金额"各项目的内容及填列方法说明如下：

（1）"营业收入"项目，反映企业经营主要业务和其他业务所确认的收入总额。该项目应根据"主营业务收入"和"其他业务收入"科目的发生额分析填列。

（2）"营业成本"项目，反映企业经营主要业务和其他业务所发生的成本总额。该项目应根据"主营业务成本"和"其他业务成本"科目的发生额分析填列。

（3）"税金及附加"项目，反映企业经营业务应负担的消费税、城市维护建设税、教育费附加、资源税、土地增值税、房产税、车船税、城镇土地使用税、印花税等相关税费。该项目应根据"税金及附加"科目的发生额分析填列。

（4）"销售费用"项目，反映企业在销售商品过程中发生的包装费、广告费等费用和为销售本企业商品而专设的销售机构的职工薪酬、业务费等经营费用。该项目应根据"销售费用"科目的发生额分析填列。

（5）"管理费用"项目，反映企业为组织和管理生产经营发生的管理费用。该项目应根据"管理费用"科目的发生额分析填列。

（6）"研发费用"项目，反映企业进行研究与开发过程中发生的费用化支出，以及计入管理费用的自行开发无形资产的摊销。该项目应根据"管理费用"科目下的"研究费用"明细科目的发生额，以及"管理费用"科目下的"无形资产摊销"明细科目的发生额分析填列。

（7）"财务费用"项目，反映企业筹集生产经营所需资金等而发生的筹资费用。该项目应根据"财务费用"科目的发生额分析填列。

（8）"其他收益"项目，反映计入其他收益的政府补助，以及其他与日常活动相关且计入其他收益的项目。该项目应根据"其他收益"科目的发生额分析填列。企业作为个人所得税的扣缴义务人，根据《中华人民共和国个人所得税法》收到的扣缴税款手续费，应作为其他与日常活动相关的收益在该项目中填列。

（9）"投资收益"项目，反映企业以各种方式对外投资所取得的收益。该项目应根据"投资收益"科目的发生额分析填列；如为投资损失，该项目以"-"号填列。

（10）"净敞口套期收益"项目，反映净敞口套期下被套期项目累计公允价值变动转入当期损益的金额或现金流量套期储备转入当期损益的金额。该项目应根据"净敞口套期损益"科目的发生额分析填列；如为套期损失，以"-"号填列。

（11）"公允价值变动收益"项目，反映企业应当计入当期损益的资产或负债公允价值变动收益。该项目应根据"公允价值变动损益"科目的发生额分析填列。如为净损失，该项目以"－"号填列。

（12）"信用减值损失"项目，反映企业按照《企业会计准则第22号——金融工具确认和计量》的要求计提的各项金融工具信用减值准备所确认的信用损失。该项目应根据"信用减值损失"科目的发生额分析填列。

（13）"资产减值损失"项目，反映企业各项资产发生的减值损失。该项目应根据"资产减值损失"科目的发生额分析填列。

（14）"资产处置收益"项目，反映企业出售划分为持有待售的非流动资产（金融工具、长期股权投资和投资性房地产除外）或处置组（子公司和业务除外）时确认的处置利得或损失，以及处置未划分为持有待售的固定资产、在建工程、生产性生物资产及无形资产而产生的处置利得或损失。债务重组中因处置非流动资产（金融工具、长期股权投资和投资性房地产除外）产生的利得或损失和非货币性资产交换中换出非流动资产（金融工具、长期股权投资和投资性房地产除外）产生的利得或损失也包括在该项目内。该项目应根据"资产处置损益"科目的发生额分析填列；如为处置损失，以"－"号填列。

（15）"营业利润"项目，反映企业实现的营业利润。如为亏损，该项目以"－"号填列。

（16）"营业外收入"项目，反映企业发生的除营业利润以外的收益，主要包括与企业日常活动无关的政府补助、盘盈利得、捐赠利得（企业接受股东或股东的子公司直接或间接的捐赠，经济实质属于股东对企业的资本性投入的除外）等。该项目应根据"营业外收入"科目的发生额分析填列。

（17）"营业外支出"项目，反映企业发生的除营业利润以外的支出，主要包括公益性捐赠支出、非常损失、盘亏损失、非流动资产毁损报废损失等。该项目应根据"营业外支出"科目的发生额分析填列。"非流动资产毁损报废损失"通常包括因自然灾害发生毁损、已丧失使用功能等原因而报废清理产生的损失。企业在不同交易中形成的非流动资产毁损报废利得和损失不得相互抵销，应分别在"营业外收入"项目和"营业外支出"项目进行填列。

（18）"利润总额"项目，反映企业实现的利润。如为亏损，该项目以"－"号填列。

（19）"所得税费用"项目，反映企业应从当期利润总额中扣除的所得税费用。该项目应根据"所得税费用"科目的发生额分析填列。

（20）"净利润"项目，反映企业实现的净利润。如为亏损，该项目以"－"号填列。

（21）"每股收益"项目，包括基本每股收益和稀释每股收益两项指标，反映普通股或潜在普通股已公开交易的企业，以及正处在公开发行普通股或潜在普通股过程中的企业的每股收益信息。

> **知识链接**
>
> **每 股 收 益**
>
> 普通股或潜在普通股已公开交易的企业以及正处于公开发行普通股或潜在普通股过程中的企业应当在利润表中分别填写基本每股收益和稀释每股收益。"基本每股收益"和"稀释每股收益"项目，应当反映根据每股收益准则的规定计算的金额。

（五）利润表的编制举例

课堂思考

浙江正格2021年12月31日，有关损益类科目资料见表2-9。

表2-9　浙江正格损益类科目发生额　　　　（单位：元）

科目名称	借或贷	本年数	上年数
主营业务收入	贷	650 500	430 350
其他业务收入	贷	8 900	13 850
主营业务成本	借	385 000	223 830
其他业务成本	借	6 900	10 870
税金及附加	借	27 500	16 500
销售费用	借	18 200	8 950
管理费用	借	27 500	20 000
研发费用	借	10 000	2 500
利息费用	借	9 000	7 000
利息收入	贷	800	450
其他收益	贷	200	200
资产处置收益	贷	1 000	1 000
营业外收入	贷	400	300
营业外支出	借	600	500
所得税费用	借	59 000	52 000

二维码2-17
课堂思考答案

根据以上资料，编制浙江正格2021年月12月份的利润表。

现金流量表和所有者权益变动表

一、现金流量表

现金流量表是反映企业在一定会计期间现金和现金等价物流入和流出的报表。这里的现金是指企业的库存现金以及可以随时用于支付的存款以及现金等价物。在市场经济条件下，作为支付手段，现金经常被视作企业的血液，企业的现金流转情况在很大程度上影响着企业的生存和发展。现金流量表是以现金为基础编制的，它是对资产负债和利润表的重要补充。

现金流量表中的"现金"不仅包括"库存现金"账户核算的库存现金，还包括企业"银行存款"账户核算的存入金融企业、可以随时用于支付的存款，也包括"其他货币资金"账户核算的外埠存款、银行汇票存款、银行本票存款、信用证保证金存款和在途货币资金等其他货币资金及现金等价物。其中现金等价物是指企业持有的期限短、流动性强、易于转换为已知金额的现金、价值变动风险很小的投资。现金等价物的定义本身，包含了判断一项投资是否属于现金等价物的四个条件，即期限短、流动性强、易于转换为已知金额的现金和价值变动风险很小。

根据《企业会计准则第31号——现金流量表》第四条的规定，现金流量表应当分别按经营活动、投资活动和筹资活动三大类列报现金流量，现金流量表格式见表2-10。

表 2-10　现金流量表　　　　　　　　　　　　　会企 03 表

编制单位：　　　　　　　　　　　__年__月　　　　　　　　　　　单位：元

项　　目	本 期 金 额	上 期 金 额
一、经营活动产生的现金流量：		
销售商品、提供劳务收到的现金		
收到的税费返还		
收到其他与经营活动有关的现金		
经营活动现金流入小计		
购买商品、接受劳务支付的现金		
支付给职工以及为职工支付的现金		
支付的各项税费		
支付其他与经营活动有关的现金		
经营活动现金流出小计		
经营活动产生的现金流量净额		
二、投资活动产生的现金流量：		
收回投资收到的现金		
取得投资收益收到的现金		
处置固定资产、无形资产和其他长期资产收回的现金净额		
处置子公司及其他营业单位收到的现金净额		
收到其他与投资活动有关的现金		
投资活动现金流入小计		
购建固定资产、无形资产和其他长期资产支付的现金		
投资支付的现金		
取得子公司及其他营业单位支付的现金净额		
支付其他与投资活动有关的现金		
投资活动现金流出小计		
投资活动产生的现金流量净额		
三、筹资活动产生的现金流量：		
吸收投资收到的现金		
取得借款收到的现金		
收到其他与筹资活动有关的现金		
筹资活动现金流入小计		
偿还债务支付的现金		
分配股利、利润或偿付利息支付的现金		
支付其他与筹资活动有关的现金		
筹资活动现金流出小计		
筹资活动产生的现金流量净额		
四、汇率变动对现金及现金等价物的影响		
五、现金及现金等价物净增加额		
加：期初现金及现金等价物余额		
六、期末现金及现金等价物余额		

（续）

补 充 资 料	本 期 金 额	上 期 金 额
1. 将净利润调节为经营活动的现金流量：		
净利润		
加：资产减值准备		
固定资产折旧、油气资产折耗、生产性生物资产折旧		
无形资产摊销		
长期待摊费用摊销		
处置固定资产、无形资产和其他长期资产的损失（收益以"-"号填列）		
固定资产报废损失（收益以"-"号填列）		
净敞口套期损失（收益以"-"号填列）		
公允价值变动损失（收益以"-"号填列）		
财务费用（收益以"-"号填列）		
投资损失（收益以"-"号填列）		
递延所得税资产减少（增加以"-"号填列）		
递延所得税负债增加（减少以"-"号填列）		
存货的减少（增加以"-"号填列）		
经营性应收项目的减少（增加以"-"号填列）		
经营性应付项目的增加（减少以"-"号填列）		
其他		
经营活动产生的现金流量净额		
2. 不涉及现金收支的重大投资和筹资活动：		
债务转为资本		
一年内到期的可转换公司债券		
融资租入固定资产		
3. 现金及现金等价物净变动情况：		
现金的期末余额		
减：现金的期初余额		
加：现金等价物的期末余额		
减：现金等价物的期初余额		
现金及现金等价物净增加额		

二、所有者权益变动表

所有者权益（或股东权益）变动表是反映构成所有者权益的各组成部分当期的增减变动情况的报表。

所有者权益是企业自有资本的来源，它的数量多少、内部结构变动都会对企业财务状况和经营发展趋势带来影响。因此，所有者权益变动表是报表使用者十分关注的主要报表之一。企业所有者权益变动表格式见表2-11。

表 2-11　所有者权益变动表　　　　　　　　会企 04 表

编制单位：　　　　　　　　　年度　　　　　　　　　单位：元

项　目	本年金额									上年金额								
	实收资本（或股本）	其他权益工具			资本公积	减：库存股	其他综合收益	专项储备	盈余公积	未分配利润	所有者权益合计	实收资本（或股本）	其他权益工具			资本公积	减：库存股	其他综合收益	专项储备	盈余公积	未分配利润	所有者权益合计
		优先股	永续债	其他									优先股	永续股	其他							
一、上年年末余额																						
加：会计政策变更																						
前期差错更正																						
其他																						
二、本年年初余额																						
三、本年增减变动金额（减少以"-"号填列）																						
（一）综合收益总额																						
（二）所有者投入和减少资本																						
1. 所有者投入的普通股																						
2. 其他权益工具持有者投入资本																						
3. 股份支付计入所有者权益的金额																						
4. 其他																						
（三）利润分配																						
1. 提取盈余公积																						
2. 对所有者（或股东）的分配																						
3. 其他																						
（四）所有者权益内部结转																						
1. 资本公积转增资本（或股本）																						
2. 盈余公积转增资本（或股本）																						
3. 盈余公积弥补亏损																						
4. 设定受益计划变动额结转留存收益																						
5. 其他综合收益结转留存收益																						
6. 其他																						
四、本年年末余额																						

任务总结

财务会计报告是企业对外提供的反映企业财务状况、经营成果、现金流量和所有者权益变动情况的书面文件。财务会计报告主要包括财务报表、财务报表附注和其他需要在财务报告中披露的相关信息资料。财务会计报告是一个会计循环的最终成果,对我们来说,看懂、会编报告无疑是非常重要的,要真正看懂且编制财务报表,就必须搞清楚报表格式和编制原理。

财务报表是财务会计报告中的最重要、信息最集中的组成部分,我国《企业会计准则第30号——财务报表列报》规定,财务报表至少应当包括资产负债表、利润表、现金流量表、所有者权益(或股东权益)变动表和附注。资产负债表说明了资产、负债和所有者权益三个会计要素静态的财务状况。利润表从收入和费用角度,以动态方式说明了由产生利润的业务导致的财务状况的变化,由此产生的净利润代表所有者在企业中的权益增加。

职业素养　诚实守信,勇担社会责任

"诚实守信"是中华民族传统美德,也是传统道德的一个重要内容。

"不做假账"是对会计人员最基本的要求,也是从业人员必须遵守的职业道德。而在实际会计工作中,失守"不做假账"底线的现象依旧存在。例如,近几年A股利润造假案:上市公司康得新在2015年至2018年4年间,通过虚构销售业务,虚构采购、生产、研发费用、产品运输费用等方式,虚增营业收入、营业成本、研发费用和销售费用,导致2015—2018年财务报告分别虚增利润总额23.81亿元、30.89亿元、39.74亿元、24.77亿元,累计近120亿。

不仅如此,康得新2015—2018年年报中披露的银行存款余额也存在虚假记载。四年内,康得新披露北京银行账户组余额分别为46.00亿元、61.60亿元、102.88亿元、122.09亿元,累计逾330亿元。然而,据证监会调查,康得新北京银行账户组各年末实际余额为0。

作为创业者初心难得,但始终难守。财务造假这类事,突破了底线,不仅会将企业带入万劫不复的深渊,也损害了广大投资者的利益。作为一个有良知的会计人,既然选择了这个职业,就要怀着一颗对职业的敬畏心,拿出说不的勇气,不参与造假,勇敢担起社会责任。

案例分析

小王是管理专业大三学生,他应聘到A公司实习。A公司为让其全面了解公司业务,安排他到财务部门帮忙一段时间。小王实习非常认真,但在公司财务部门实习期间遇到了以下几件令他感到疑惑的事:

(1)某一天,销售部经理前来找财务科长要求查询去年一笔销售业务的原始单据。财务科长在询问事由后同意了他的要求,让会计人员郑某给他查找,郑某根据销售经理回忆的业务发生的大致时间和情况,将去年3—6月份的一百多本凭证全部拿了出来,

很快就找到了销售经理要查的原始凭证。

（2）小王发现该公司的"原材料"和"应收账款"平常不登记总账，只是登记明细账，往往是等一段时间才补登总账。小王觉得这种做法不符合总账与明细账之间的平行登记原则，但是财务部门经理认为这样做没有违反平行登记原则。

（3）某日，小王帮助公司会计人员核对资产负债表，小王觉得财务报表应该与相关总账数据相符，但当他对到应收账款时，却发现应收账款总账余额扣除坏账准备的数字与报表数字怎么都核对不一致，他去问公司会计人员，公司会计人员告诉他，应收账款中有一个客户有贷方余额。

面对上述情况，小王应该怎么做？

二维码2-18 案例分析解析

会计档案整理与保管

会计档案是指会计凭证、会计账簿和财务报告等会计核算专业材料，是记录和反映单位经济业务的重要史料和证据。在每一会计期末，财务部门应对本期所形成的会计档案，按照归档要求进行整理立卷，装订成册，并按照会计档案保管要求进行妥善保管。

会计档案具体包括：

（1）会计凭证类：包括原始凭证、记账凭证、汇总凭证、其他会计凭证。

（2）会计账簿类：包括总账、明细账、日记账、固定资产卡片、辅助账簿、其他会计账簿。

（3）财务报告类：月度、季度、年度财务报告（包括财务报表、附表、附注及文字说明），其他财务报告。

（4）其他类：包括银行存款余额调节表、银行对账单、其他应保存的会计核算专业资料。

一、会计档案的整理

（一）会计凭证的整理与装订

会计凭证登记完毕后，应当按照分类和编号保管，不得散乱丢失，会计凭证一般应按月整理，并装订成册。

1. 会计凭证的整理

（1）将所有需要归档的会计凭证收集齐全，并根据记账凭证的种类进行分类，如采用专用凭证，可按收、付、转分为三类，每一类按顺序号由低到高整理排列，不得跳号、重复。如果某月某类凭证很多，要分成多本装订。

（2）整理记账凭证后附的原始凭证应注意，清除订书针、大头针、曲别针等金属物，凡超过记账凭证宽度和长度的原始凭证，都要整齐地折叠进去。特别要注意装订眼处的折叠方法，以防装订后影响原始凭证的翻查。

（3）将每类记账凭证按适当厚度分成若干册，每册的厚度应尽可能保持一致。若单位采用汇总记账凭证账务处理程序和科目汇总表账务处理程序，在凭证分册时还应兼顾记账凭证的汇总范围，并将汇总记账凭证或科目汇总表附于各册记账凭证之前。

2. 会计凭证装订的具体方法

有的单位经济业务较少，一个月的记账凭证可能只有几十张，装订起来只有一册；有的单位经济业务频繁，一个月的记账凭证可能有几百张或几千张，装订起来就是十几册或几十册。

（1）装订之前，要设计一下，看一个月的记账凭证究竟订成几册为好。每册的厚薄应基本保持一致，厚度一般以 1.5～2.0 厘米为宜。不能把几张同属于一份记账凭证及所附的原始凭证拆开装订在两册之中。另外，还要再次检查一下所附原始凭证是否全部加工折叠、整理完毕。

所有会计凭证都要加具封皮（包括封面和封底）。封皮应采用较为结实、耐磨、韧性较强的牛皮纸等。记账凭证封面应注明单位名称、凭证种类、凭证编号的顺序号码、凭证所反映的经济业务发生的日期、凭证的起止号码、本扎凭证的册数和张数，以及有关经办人员的签章。

（2）正式装订时，准备好凭证封皮、铁锥或装订机，以及线绳、铁夹、胶水等。按以下顺序进行装订：

1）已整理分好册的会计凭证用铁夹夹好。

2）将凭证封面和封底裁开，分别附在凭证前面和后面，再拿一张质地相同的纸，放在封面上面，做护角之用。然后磕叠整齐，用两个铁夹分别夹住凭证的上侧和左侧。

3）用铅笔在凭证的左上角画一个边长为5厘米的分角线，将直角分成两个45度角。

4）在分角线的适当位置上选两点打孔作为装订线眼，这两孔的位置可在距左上角的顶端2～4厘米的范围内确定。

5）用装订绳分别穿眼绕扎多次，捆紧扎牢，并在凭证背面打结。

6）将放在最上方的牛皮纸裁成一条宽6厘米左右的包角纸条，包角纸条向后折叠，裁去一个三角形，与背后的包角纸条重叠、粘牢。

包角后的记账凭证如图 2-29 所示。

图 2-29　包角后的记账凭证

7）待晾干后，给每一册凭证加具封面，封面上要注明单位及凭证名称、日期、起止号码、本月共几册、本册为第几册等内容，并由会计主管人员和装订人员分别签章。

值得注意的是，对于数量过多的原始凭证，如收料单和领料单等，可以单独成册装订保管，在封面上注明记账凭证日期、编号、种类，同时在记账凭证上注明"附件另订"和原始凭证名称及编号。

（二）会计账簿的整理

年度终了，各种账簿在结转下年、建立新账后，要统一整理归档。对活页式账簿，首先要将其中的空白账页取出，其中的明细分类账户按其所属总分类科目的编码顺序排列，对各明细账户按"第×页"顺序排列。然后对整本活页账簿中的账页不分账户只按其在账簿中的排列顺序编号，填入各账页上端"总×页"处。编码完毕后，将账页总数填入账簿扉页"账簿启用表"，并填写账簿目录表。

(三) 财务报表的整理

财务报表一般在年度终了后，由专人统一收集、整理、装订并归档。整理时，将全年的财务报表按时间顺序排列并装订成册，加具封面，并在封面中注明报表的名称、页数、归档日期等，经财务负责人审核、盖章后归档。

二、会计档案的保存

各单位当年形成的会计档案，在会计年度终了后，可暂由会计机构保管一年，期满之后，应移交本单位档案部门，按规定的期限统一保管。若单位未设立档案机构，应当在会计机构内部指定专人保管，但出纳员不得兼管会计档案。

专职保管会计档案的人员离岗、离职，应当移交会计档案，办理交接手续。

会计档案在保管期间，不得借出。若有特殊需要，经本单位负责人同意后，可以提供查阅或者复制，并办理登记手续。我国境内所有单位的会计档案不得携带出境。

会计档案的保管期限分永久、定期两类。定期保管分为10年和30年，会计档案的保管期限从会计年度终了后的第一天算起。

三、会计档案的管理

(一) 会计档案的查阅

各单位保存的会计档案不得借出。如有特殊需要，经本单位负责人批准，可以提供查阅或者复制，并办理登记手续。

查阅会计档案，应有一定的手续。

(1) 对查阅的档案，应设置"会计档案查阅登记簿"，详细登记查阅日期、查阅人、查阅理由、归还日期等。

(2) 本单位人员查阅会计档案，需经会计主管人员同意。外单位人员查阅会计档案，要有正式介绍信，经单位领导批准。

(3) 查阅人员不得将会计档案携带外出，不得擅自摘录有关数字。遇特殊情况需要影印复制会计档案的，必须经本单位领导批准，并在"会计档案查阅登记簿"内详细记录会计档案影印复制的情况。

(4) 查阅或者复制会计档案的人员，严禁在会计档案上涂画、拆封和抽换。

(二) 会计档案的销毁

保管期满的会计档案，一般可以按照以下程序销毁：

(1) 由本单位档案机构会同会计机构提出销毁意见，编制会计档案销毁清册，列明销毁会计档案的名称、卷号、册数、起止年度和档案编号、保管期限、已保管期限、销毁时间等内容。

(2) 单位负责人在会计档案销毁清册上签署意见。

(3) 销毁会计档案时，应当由单位档案机构和会计机构共同派员监销。

(4) 监销人在销毁会计档案前，应当按照会计档案销毁清册所列内容清点核对所要销毁的会计档案；销毁后，应当在会计档案销毁清册上签名盖章，并将监销情况报告本单位负责人。

应当注意的是,《会计法》规定,"会计人员调动工作或者离职,必须与接管人员办清交接手续。一般会计人员办理交接手续,由会计机构负责人(会计主管人员)监交;会计机构负责人(会计主管人员)办理交接手续,由单位负责人监交,必要时主管单位可以派人会同监交。"保管期满但未结清的债权债务原始凭证和涉及其他未了事项的原始凭证不得销毁,应当单独抽出立卷,由档案部门保管到未了事项完结为止。单独抽出立卷的会计档案,应当在会计档案销毁清册和会计档案保管清册中列明。

测 试 题

一、单项选择题

1. 活页式账簿一般用于( )。
   A. 日记账   B. 总账   C. 明细账   D. 备查簿
2. 原材料明细账应采用的账页格式为( )。
   A. 三栏式   B. 数量金额式   C. 专用多栏式   D. 普通多栏式
3. 登记账簿的依据是( )。
   A. 经济业务   B. 原始凭证   C. 记账凭证   D. 资金运动
4. 应付账款明细账一般应采用( )格式。
   A. 三栏式   B. 数量金额式   C. 专用多栏式   D. 普通多栏式
5. 租入固定资产登记簿属于( )。
   A. 订本式   B. 序时账   C. 明细账   D. 备查簿
6. 生产成本明细账采用( )账页。
   A. 三栏式   B. 数量金额式   C. 专用多栏式   D. 普通多栏式
7. 企业填制的限额领料单属于( )。
   A. 一次凭证   B. 累计凭证   C. 原始凭证汇总表   D. 外来凭证
8. 将现金存入银行应填制( )。
   A. 银行存款收款凭证   B. 银行存款付款凭证
   C. 现金收款凭证   D. 现金付款凭证
9. 各种账务处理程序之间的主要区别在于( )。
   A. 原始凭证的种类和格式不同
   B. 登记日记账和明细账的程序和方法不同
   C. 登记总账的程序和方法不同
   D. 汇总的记账凭证格式和方法不同
10. 对于从银行提取现金的业务登记库存现金日记账的依据是( )。
    A. 现金收款凭证   B. 现金付款凭证
    C. 银行存款收款凭证   D. 银行存款付款凭证
11. 对于将现金存入银行的业务登记银行存款日记账的依据是( )。

A. 现金收款凭证 B. 现金付款凭证
C. 银行存款收款凭证 D. 银行存款付款凭证

12. 登记库存现金日记账时，误将记账凭证中的"200"抄成"2 000"，应采用（   ）更正。

A. 划线更正法 B. 红字更正法 C. 补充登记法 D. 蓝字更正法

13. 对原材料、产成品盘点后应编制（   ），它是据以调整存货账簿记录的原始凭证。

A. 账存实存对比表 B. 盘点表
C. 余额调节表 D. 对账单

14. 企业在撤销或合并时，对企业的财产物资应进行（   ）。

A. 临时清查 B. 定期清查 C. 局部清查 D. 全面清查

15. 以下报表中属于静态报表的是（   ）。

A. 资产负债表 B. 利润表
C. 现金流量表 D. 所有者权益变动表

16. 在资产负债表中，可按总账科目的余额直接填列的是（   ）。

A. 货币资金 B. 存货
C. 固定资产 D. 应付职工薪酬

17. 在资产负债表中，应按几个总账科目的余额计算填列的是（   ）。

A. 货币资金 B. 应付职工薪酬 C. 应交税费 D. 应付股利

18. 利润表是反映企业（   ）经营成果的报表。

A. 一个时点 B. 某一特定日期
C. 一年 D. 某一特定期间

19. 编制资产负债表的主要依据是（   ）。

A. 资产、负债及所有者权益各科目的本期发生额
B. 各损益类科目的本期发生额
C. 资产、负债及所有者权益各科目的期末余额
D. 各损益类科目的期末余额

20. 编制利润表的主要依据是（   ）。

A. 资产、负债及所有者权益各科目的本期发生额
B. 各损益类科目的本期发生额
C. 资产、负债及所有者权益各科目的期末余额
D. 各损益类科目的期末余额

二、多项选择题

1. 以下明细账应采用三栏式账页格式的有（   ）。

A. 应收账款 B. 应付利息
C. 生产成本 D. 主营业务收入
E. 税金及附加

2. 账簿按账页格式不同，可分为（　　　）。
   A．三栏式账簿　　　　　　　　　　B．数量金额式账簿
   C．多栏式账簿　　　　　　　　　　D．序时簿
   E．分类簿
3. 账簿按用途分类，可分为（　　　）。
   A．订本账　　　B．备查簿　　　C．序时账　　　D．分类账
   E．活页账
4. 以下明细账应采用数量金额式账页格式的有（　　　）。
   A．原材料　　　B．固定资产　　　C．库存商品　　　D．在途物资
   E．生产成本
5. 在账簿中红笔可用于（　　　）。
   A．按照红字冲账的记账凭证，冲销错误记录
   B．在不分借贷方向的多栏式账页中，登记减少数
   C．在余额栏前未设借贷方向时，用以登记反向余额
   D．结账画线
   E．注销空行或空页
6. 登记库存现金日记账的依据有（　　　）。
   A．现金收款凭证　　　　　　　　　B．现金付款凭证
   C．银行存款收款凭证　　　　　　　D．银行存款付款凭证
   E．转账凭证
7. 会计工作中要做到（　　　）。
   A．账证相符　　　B．账账相符　　　C．账实相符　　　D．账存相符
   E．账表相符
8. 企业银行存款日记账和银行对账单核对不符的原因有（　　　）。
   A．企业记账错误　　　　　　　　　B．银行记账错误
   C．存在未达账项　　　　　　　　　D．未及时取得银行对账单
9. 根据规定，企业编制的财务报表至少应当包括（　　　）。
   A．资产负债表　　　　　　　　　　B．利润表
   C．现金流量表　　　　　　　　　　D．所有者权益（股东权益）变动表
   E．附注
10. 以下报表中属于动态报表的有（　　　）。
    A．资产负债表　　　　　　　　　　B．利润表
    C．现金流量表　　　　　　　　　　D．所有者权益变动表
11. 以下报表中必须按月编制的有（　　　）。
    A．资产负债表　　　　　　　　　　B．利润表
    C．现金流量表　　　　　　　　　　D．所有者权益增减变动表
12. 在资产负债表中，应按几个总账科目的余额计算填列的有（　　　）。

A. 货币资金 B. 应付职工薪酬
C. 应交税费 D. 存货
E. 未分配利润

13. 资产负债表中的"存货"项目包含以下科目中的（　　）。
A. 在途物资 B. 原材料 C. 库存商品 D. 生产成本
E. 应交税费

14. 资产负债表中以下项目中，可以根据相关总账科目余额直接填列的有（　　）。
A. 应收股利 B. 应收账款 C. 固定资产 D. 应付票据
E. 实收资本

15. 财务报表编制的原则包括（　　）。
A. 数字真实，计算准确 B. 满足要求，讲求科学
C. 内容完整，说明清楚 D. 手续完备，力求适用
E. 及时编制，及时报送

16. 资产负债表中以下项目中，填列时需考虑将于一年内到期或摊销部分的包括（　　）。
A. 持有至到期投资 B. 无形资产
C. 长期待摊费用 D. 短期借款
E. 长期借款

17. 利润表中的"营业收入"项目应根据（　　）科目余额分析填列。
A. 主营业务收入 B. 其他业务收入
C. 营业外收入 D. 投资收益
E. 公允价值变动收益

18. 利润表中的"营业成本"项目应根据（　　）科目余额分析填列。
A. 主营业务成本 B. 其他业务成本
C. 税金及附加 D. 营业外支出
E. 公允价值变动损失

三、判断题

1. 序时账也称日记账，它是按经济业务发生或完成时间的先后顺序逐日逐笔登记经济业务的账簿。（　　）
2. 分类账是对各项经济业务按账户进行分类登记的账簿。（　　）
3. 分类账包括总分类账和明细分类账。（　　）
4. 库存现金、银行存款日记账应采用订本式账簿。（　　）
5. 原始凭证都是以实际发生或完成的经济业务为依据而填制的。（　　）
6. 从银行提取现金，既可以编制银行存款付款凭证，又可以编制现金收款凭证。（　　）
7. 记账后发现会计凭证上会计科目用错，应采用红字更正法进行更正。（　　）

8. 记账凭证中应借、应贷科目及金额无误，但登记账簿时出现抄写或计算错误，应采用画线更正法进行更正。（　　）

9. 在账簿登记中只能使用蓝色或黑色墨水笔，不得使用圆珠笔和铅笔。（　　）

10. 在红字更正法中，编制的红字冲销凭证的编号应与原错误凭证的编号相同。
（　　）

11. 记账凭证账务处理程序适用于规模较小、业务较多的单位。（　　）

12. 若企业银行存款日记账与银行对账单核对不符，则说明企业或银行一方存在记账错误。（　　）

13. 对于银行已记，企业未记的未达账项，应根据银行对账单登记银行存款日记账，以保证账实相符。（　　）

14. 资产负债表是反映企业在某一特定时期的财务状况的财务报表。（　　）

15. 在资产负债表中资产按其流动性大小排列。（　　）

16. 资产负债表中"未分配利润"金额应按"本年利润"科目的借方余额与"利润分配"科目的借方余额之间的差额填列。（　　）

四、实训题

实 训 一

【实训资料】福运公司2021年9月发生了以下经济业务：

（1）9月2日，开出支票从中国银行清河支行账户提取现金20 000元。

（2）9月6日，销售部张雅借差旅费4 000元，出纳以现金付讫。

（3）9月10日，销售给三元公司芯片100件，单价60元，增值税税率为13%，收到支票一张，存入工商银行蛇口支行账户。

（4）9月11日，张雅出差上海报销差旅费如下：出差时间为9月7日至9月10日，来回火车硬卧票价为1 000元，出差期间市内交通住宿补贴为250元/天，另交纳会务费2 000元，多余现金退回。

（5）9月18日，收到三元公司购芯片的预付款20 000元。

（6）9月22日，生产车间领用电容10 000个，单价0.3元，其中生产模块耗用6 000个，生产转换器耗用3 000个，生产车间一般耗用1 000个。

（7）9月25日，企管部用现金在深圳水田商场购买办公用品600元。

（8）9月28日，向中天贸易公司购买原材料放大器5 000个，含税价11 300元，货已入库，款未付。

【实训耗材】
收款凭证5张、付款凭证5张、转账凭证5张。

【实训要求】
根据实训资料，采用收、付、转专用凭证格式编制各笔业务的记账凭证。

实 训 二

【实训资料】通州公司2021年1月份发生下列经济业务：

（1）1月1日，银行存款日记账期初余额为400 000元。
（2）1月2日，开出现金支票一张，金额5 000元，用于办公室零星开支备用。
（3）1月3日，支付邮电费10 000元，以银行存款付讫。
（4）1月4日，销售产品一批，价款50 000元，增值税税率为13%，款项尚未收到。
（5）1月5日，购买材料一批，价款25 000元，增值税税率为13%，材料已入库，款项已用银行存款付讫。
（6）1月7日，上述货款已收到并存入银行。
（7）1月8日，职工李明出差，借支差旅费1 000元，以现金付讫。
（8）1月9日，通过银行转账发放工资80 000元。
（9）1月15日，用银行存款5 000元支付本月水电费。
（10）1月20日，从银行存款户中支付广告费10 000元。
（11）1月24日，职工李明出差回来，凭差旅费单据报销750元，多余现金退回。
（12）1月28日，从银行存款户中支付短期借款利息1 240元。

【实训耗材】空白银行存款日记账一张。

【实训要求】

根据上述实训资料，运用借贷记账法编制会计分录，并逐笔登记银行存款日记账。

实 训 三

【实训资料】明达公司2021年12月31日科目余额见表2-12。

表2-12 科目余额表 （单位：元）

科目名称	借方余额	贷方余额	科目名称	借方余额	贷方余额
库存现金	1 000		短期借款		60 000
银行存款	15 000		应付账款		10 000
交易性金额资产	14 000		预收账款		1 000
应收账款	23 000		其他应付款		29 000
预付账款	4 700		应付职工薪酬		34 700
其他应收款	5 000		应交税费		60 000
在途物资	10 000		长期借款		30 000
原材料	27 000		实收资本		334 000
库存商品	20 000		盈余公积		22 080
长期股权投资	200 000		利润分配		159 920
固定资产	400 000				
累计折旧		6 000			
无形资产	23 000				
长期待摊费用	4 000				

【实训耗材】空白资产负债表一张。

【实训要求】根据上述科目记录编制公司2021年12月31日资产负债表。

实 训 四

【实训资料】远天公司2021年12月份有关损益类科目的发生额见表2-13。

表 2-13 损益类科目发生额

科 目 名 称	借方发生额	贷方发生额
主营业务收入	450 000	4 930 800
其他业务收入		2 345 800
投资收益	300 000	2 450 878
营业外收入		500 940
主营业务成本	3 670 700	345 800
税金及附加	1 222 454	
其他业务成本	754 600	
销售费用	333 655	
管理费用	326 000	45 000
财务费用	229 767	76 348
营业外支出	547 657	
所得税费用	809 774	
合 计	8 644 607	10 695 566

【实训耗材】空白利润表一张。

【实训要求】根据上述资料编制公司2021年12月利润表。

模块三 Modular Three

企业经济活动与财务分析

学习目标

知识目标
- 熟悉财务分析的基本程序与方法
- 理解财务报表数据的经济含义
- 掌握比率分析法、比较分析法的基本概念及应用

技能目标
- 能熟悉并认知财务分析的内容及基本程序和方法
- 能熟练运用各项财务指标,计算分析企业的偿债能力、盈利能力和营运能力
- 能对比行业数据,综合分析企业的财务状况和经营成果

素质目标
- 培养敏锐分析、判断等职业素养
- 养成正确的是非观念与职业规范意识
- 自觉践行社会主义核心价值观

任务一 财务报表分析

引导案例

财务报表蕴含着丰富的信息和秘密,可以判断一家企业实力是否真正雄厚、是否真正盈利,它是企业经营管理者以及其他信息使用者不可或缺的财务管理法宝。通过分析资产负债表,可以了解企业的财务状况,对企业的偿债能力强弱、资本结构合理性和流动资金充足性等做出判断。通过分析利润表,可以了解分析企业的盈利能力、盈利状况和经营效率,对企业在行业中的竞争地位、持续发展能力做出判断。通过分析现金流量表,可以了解和评价企业获取现金和现金等价物的能力,并据以预测企业未来的现金流量。

案例思考:

我们可以从财务报表数据中发掘和利用自己需要的信息,那我们可以去哪里找到这些财务报表呢?

二维码3-1
引导案例答案

接下来我们将以上市公司珠江钢琴公布的年度财务报表(表3-1~表3-4)为例,通过多方面的数据分析,帮助大家学会看清企业的"庐山真面目",从而做出明智的投资抉择。

表 3-1 珠江钢琴资产负债表(资产)

资　产	2020年12月31日	2019年12月31日	2018年12月31日
流动资产:			
货币资金	1 927 856 242.56	1 089 857 920.76	693 442 630.79
结算备付金			
拆出资金			
交易性金融资产	2 447 208.96	462 075 398.76	
衍生金融资产			
应收票据		4 000 000.00	
应收账款	75 545 589.30	75 589 222.98	85 695 551.34
应收款项融资			
预付款项	9 592 257.89	5 886 787.29	24 897 081.51
应收保费			
应收分保账款			
应收分保合同准备金			
其他应收款	6 070 649.66	6 790 217.54	6 519 936.51
买入返售金融资产			
存货	982 335 560.81	980 876 598.25	875 245 160.36
合同资产			
持有待售资产			

（续）

资　　产	2020年12月31日	2019年12月31日	2018年12月31日
一年内到期的非流动资产			
其他流动资产	9 616 021.58	54 625 941.26	873 114 112.93
流动资产合计	3 013 463 530.76	2 679 702 086.84	2 558 914 473.44
非流动资产：			
发放贷款和垫款			
债权投资			
其他债权投资			
可供出售金融资产			198 362 799.08
长期应收款			
长期股权投资	80 957 376.55	89 127 334.10	101 208 367.16
其他权益工具投资			
其他非流动金融资产	194 240 000.00	195 060 600.00	
投资性房地产	279 127 020.77	68 049 083.47	71 120 981.67
固定资产	949 208 811.58	1 074 851 497.90	1 119 529 876.85
在建工程	10 593 172.14	59 534 821.45	12 672 340.14
生产性生物资产			
油气资产			
使用权资产			
无形资产	172 897 977.35	198 971 759.72	205 732 029.09
开发支出			
商誉	18 540 124.76	18 063 557.76	18 111 585.17
长期待摊费用	1 545 620.08	3 729 282.03	4 168 060.31
递延所得税资产	74 918 085.34	79 998 550.92	74 456 267.30
其他非流动资产	2 704 864.06	3 609 472.91	12 174 588.18
非流动资产合计	1 784 733 052.63	1 790 995 960.26	1 817 536 894.95
资产总计	4 798 196 583.39	4 470 698 047.10	4 376 451 368.39

表 3-2　珠江钢琴资产负债表（负债及所有者权益）

负债和股东权益	2020年12月31日	2019年12月31日	2018年12月31日
流动负债：			
短期借款	385 330 375.00	375 985 428.33	259 625 700.00
交易性金融负债			
衍生金融负债			
应付票据	184 030 361.32		
应付账款	183 663 488.30	176 471 279.95	193 410 279.56
预收款项		31 144 546.53	19 691 458.65
合同负债	105 966 358.47		

（续）

负债和股东权益	2020年12月31日	2019年12月31日	2018年12月31日
应付职工薪酬	77 694 875.33	97 017 937.08	87 118 385.64
应交税费	23 685 638.38	16 419 308.27	60 902 305.02
其他应付款	162 491 192.93	216 230 107.69	246 725 530.35
一年内到期的非流动负债	55 040 333.33	48 988.19	70 000 000.00
其他流动负债	2 213 071.28		39 543 748.47
流动负债合计	1 180 115 694.34	913 317 596.04	977 017 407.69
非流动负债：			
长期借款		55 000 000.00	
应付债券			
长期应付款			
长期应付职工薪酬	20 029 824.21	24 376 943.51	26 086 814.67
预计负债	396 925.17	5 384 413.70	10 469 254.94
递延收益	38 546 666.33	39 273 085.59	27 305 622.92
递延所得税负债	6 289 144.90	8 048 096.14	9 605 474.14
其他非流动负债			
非流动负债合计	65 262 560.61	132 082 538.94	73 467 166.67
负债合计	1 245 378 254.95	1 045 400 134.98	1 050 484 574.36
股东权益：			
股本	1 358 320 323.00	1 358 320 323.00	1 358 320 323.00
其他权益工具			
其中：优先股			
永续债			
资本公积	981 284 324.46	981 284 324.46	981 356 324.46
减：库存股			
其他综合收益	36 591 405.54	31 214 010.11	31 571 062.91
专项储备			
盈余公积	170 985 037.29	116 070 777.24	109 847 981.79
一般风险准备			
未分配利润	976 941 431.29	908 774 605.44	811 338 318.63
归属于母公司所有者权益合计	3 524 122 521.58	3 395 664 040.25	3 292 434 010.79
少数股东权益	28 695 806.86	29 633 871.87	33 532 783.24
所有者权益合计	3 552 818 328.44	3 425 297 912.12	3 325 966 794.03
负债和所有者权益总计	4 798 196 583.39	4 470 698 047.10	4 376 451 368.39

表 3-3　珠江钢琴利润表

项　　目	2020年度	2019年度	2018年度
一、营业总收入	1 751 896 090.27	2 053 455 951.75	1 974 560 927.14
其中：营业收入	1 751 896 090.27	2 053 455 951.75	1 974 560 927.14
利息收入			
二、营业总成本	1 589 298 249.59	1 864 936 067.76	1 809 053 522.18
其中：营业成本	1 294 325 380.30	1 430 212 344.77	1 356 077 214.16
利息支出			
税金及附加	16 991 191.69	24 909 807.69	24 182 481.75
销售费用	64 895 754.86	141 812 349.73	163 677 656.80
管理费用	136 526 906.37	168 527 563.98	154 941 020.33
研发费用	82 674 763.19	97 697 687.31	97 195 587.39
财务费用	−6 115 746.82	1 776 314.28	12 979 561.75
其中：利息费用	16 815 772.91	12 594 634.60	10 900 407.02
利息收入	29 280 345.45	13 579 931.12	5 011 570.44
加：其他收益	14 042 331.81	11 981 432.12	18 773 553.68
投资收益（损失以"−"号填列）	28 007 533.16	28 941 190.22	38 475 613.81
其中：对联营企业和合营企业的投资收益	−2 169 957.55	−3 163 972.00	−500 634.85
公允价值变动收益（损失以"−"号填列）	−1 448 789.80	−226 800.32	
信用减值损失（损失以"−"号填列）	−8 342.57	−98 031.37	
资产减值损失（损失以"−"号填列）	−9 837 716.22	−16 528 003.27	−20 604 937.22
资产处置收益（损失以"−"号填列）	−8 532.60	3 533 475.92	−524 582.25
三、营业利润（亏损以"−"号填列）	193 344 324.46	216 123 147.29	201 627 052.98
加：营业外收入	7 122 908.85	5 360 574.05	3 629 752.86
减：营业外支出	4 317 027.69	8 455 832.28	4 830 148.37
四、利润总额（亏损总额以"−"号填列）	196 150 205.62	213 027 889.06	200 426 657.47
减：所得税费用	23 196 145.48	25 903 851.66	26 367 150.60
五、净利润（净亏损以"−"号填列）	172 954 060.14	187 124 037.40	174 059 506.87
六、其他综合收益的税后净额	5 238 514.16	1 847 898.52	6 284 317.83
七、综合收益总额	178 192 574.30	188 971 935.92	180 343 824.70
八、每股收益：			
（一）基本每股收益	0.13	0.14	0.13
（二）稀释每股收益	0.13	0.14	0.13

表 3-4 珠江钢琴现金流量表

项目	2020年度	2019年度	2018年度
一、经营活动产生的现金流量：			
销售商品、提供劳务收到的现金	2 011 170 196.74	2 318 138 708.59	2 293 183 020.70
收到的税费返还	26 916 832.23	23 161 160.66	8 153 428.73
收到其他与经营活动有关的现金	133 166 543.81	93 695 429.16	53 701 841.60
经营活动现金流入小计	2 171 253 572.78	2 434 995 298.41	2 355 038 291.03
购买商品、接受劳务支付的现金	946 102 979.75	1 250 828 808.27	1 242 600 662.04
支付给职工以及为职工支付的现金	412 498 040.74	554 628 269.81	563 682 535.98
支付的各项税费	92 512 586.32	172 468 725.72	162 336 913.27
支付其他与经营活动有关的现金	172 261 458.48	253 036 489.33	263 153 241.98
经营活动现金流出小计	1 623 375 065.29	2 230 962 293.13	2 231 773 353.27
经营活动产生的现金流量净额	547 878 507.49	204 033 005.28	123 264 937.76
二、投资活动产生的现金流量：			
收回投资收到的现金	1 487 500 000.00	2 181 042 560.00	2 221 906 945.01
取得投资收益收到的现金	30 508 127.56	32 947 952.15	38 360 799.96
处置固定资产、无形资产和其他长期资产收回的现金净额	24 173.89	7 167 345.39	1 344 308.60
处置子公司及其他营业单位收到的现金净额			
收到其他与投资活动有关的现金			267 189.13
投资活动现金流入小计	1 518 032 301.45	2 221 157 857.54	2 261 879 242.70
购建固定资产、无形资产和其他长期资产支付的现金	114 271 229.29	118 225 100.74	328 238 224.33
投资支付的现金	1 022 500 000.00	1 906 300 000.00	2 094 700 000.00
支付其他与投资活动有关的现金	212 906.63		
投资活动现金流出小计	1 136 984 135.92	2 024 525 100.74	2 422 938 224.33
投资活动产生的现金流量净额	381 048 165.53	196 632 756.80	−161 058 981.63
三、筹资活动产生的现金流量：			
吸收投资收到的现金			980 000.00
其中：子公司吸收少数股东投资收到的现金			980 000.00
取得借款收到的现金	469 140 650.01	575 591 650.00	259 301 700.00
收到其他与筹资活动有关的现金			
筹资活动现金流入小计	469 140 650.01	575 591 650.00	260 281 700.00
偿还债务支付的现金	460 699 614.99	475 590 500.00	289 602 573.15
分配股利、利润或偿付利息支付的现金	61 145 296.53	93 732 658.85	94 943 071.17
其中：子公司支付给少数股东的股利、利润	2 918 043.00	1 350 000.00	1 350 000.00
支付其他与筹资活动有关的现金			267 009.52
筹资活动现金流出小计	521 844 911.52	569 323 158.85	384 812 653.84
筹资活动产生的现金流量净额	−52 704 261.51	6 268 491.15	−124 530 953.84
四、汇率变动对现金及现金等价物的影响	−1 209 089.71	−465 963.26	−6 403 067.25
五、现金及现金等价物净增加额	875 013 321.80	406 468 289.97	−168 728 064.96
加：期初现金及现金等价物余额	1 052 791 920.76	646 323 630.79	815 051 695.75
六、期末现金及现金等价物余额	1 927 805 242.56	1 052 791 920.76	646 323 630.79

一、报表分析方法

(一)比率分析法

比率分析法是利用企业同一时期财务报表中两个或两个以上指标之间的某种数据关系,计算出一系列财务比率,据此考察、分析和评价企业财务状况和经营业绩的一种方法。同时,还可以将比率指标与同行其他企业进行比较。

比率类型有相关比率、结构比率和效果比率。相关比率是以某个项目总额同与之有相互关系但性质不同的项目总额加以对比计算出的比率,反映有关经济活动的相互关系,如负债总额与总资产的比率就是相关比率。结构比率反映部分与总体的关系,如存货在流动资产中的比例就是结构比率。效果比率是反映经济活动投入与产出关系的比例,用以考察企业经营管理的经济效果,揭示企业的获利能力,如净资产收益率是利润与所有者投入的比率,该比率就是效果比率。

比率分析法是财务分析中比较常用的方法。这种方法在运用过程中,主要是应用于相关能力指标的分析中。比率分析法所用的比率种类很多,其关键是要选择有意义的、互相关联的项目数据进行比较。企业的财务状况可以用偿债能力、营运能力、盈利能力几个方面来衡量,不同的财务比率分别衡量企业不同方面的能力。

(二)比较分析法

比较分析法是利用同一企业不同时期,或同一时期不同企业的同一性质或类别的指标,进行对比分析,进而确定变动方向、变动数额和变动幅度的一种分析方法。通过比较分析可以说明企业财务状况或经营成果的变动趋势。比较分析法根据分类的标准不同,可以分为不同的类别。

1. 根据比较数据分类

在采用比较分析法时,需要比较的数据有绝对数和相对数两种,因此比较分析法有绝对数比较和相对数比较两种类型。

(1)绝对数比较,即利用财务报表中两个或两个以上的绝对数进行比较,以揭示其数量差异。绝对数比较只通过差异数说明差异金额,但没有表明变动程度。

(2)相对数比较,即利用财务报表中有关系的数据的相对数进行对比,如将绝对数换算成百分比、结构比重、比率等进行对比,以揭示相对数之间的差异。相对数比较可以进一步说明变动程度。

2. 根据比较方法分类

比较分析法可以采用横向比较和纵向比较两种方法,因此有横向比较法和纵向比较法两种类型。

(1)横向比较法又称水平分析法,是指将实际达到的结果同某一标准,包括某一期或数期财务报表中相同项目的实际数据做比较。注意不要与通常使用的横向比较混淆。通常使用的横向比较是指企业自身的实际与同行业企业的实际比较。

比较财务报表采用的就是横向比较法。比较财务报表时可以选取最近两期的数据并列编制,也可以选取数期的数据并列编制。前者一般用于差异分析,后者则可用于趋势分析。

（2）纵向比较法又称垂直分析法或动态分析法，即以资产负债表、利润表等财务报表中的某一关键项目为基数项目，以其金额为100，而将其余项目的金额分别计算出各占关键项目金额的百分比，这个百分比则表示各项目的比重，通过比重对各项目做出判断和评价。注意不要与通常使用的纵向比较混淆。通常使用的纵向比较是指企业自身的本期实际与前期（包括以前数期）实际比较。

二、偿债能力分析

（一）短期偿债能力分析

短期偿债能力是指企业流动资产对流动负债及时、足额偿还的保证程度，是衡量企业当前财务能力，特别是流动资产变现能力的重要标志。企业短期偿债能力的衡量指标主要有流动比率、速动比率和现金流动负债比率三项。

1. 流动比率

流动比率是流动资产与流动负债的比值，它表明企业每一元流动负债有多少流动资产作为偿还保证，反映企业用可在短期内转变为现金的流动资产偿还到期流动负债的能力。其计算公式为

$$流动比率 = \frac{流动资产}{流动负债}$$

按照上述公式，珠江钢琴2020年的流动比率为2.55。

$$珠江钢琴2020年的流动比率 = \frac{3\,013\,463\,530.76}{1\,180\,115\,694.34} = 2.55$$

| 课堂思考 |

企业究竟应保持多高水平的流动比率才最合适呢？

二维码3-2
课堂思考答案

运用流动比率进行分析时，必须注意以下几个问题：

（1）虽然流动比率越高，企业偿还短期债务的流动资产保证程度越强，但这并不等于说企业已有足够的现金或存款用来偿债。流动比率高也可能是存货积压、应收账款增多且收账期延长，以及待摊费用和待处理财产损溢增加所致，而真正可用来偿债的现金和存款却严重短缺。所以，企业应在分析流动比率的基础上，进一步对现金流量加以考察。

（2）从短期债权人的角度来看，自然希望流动比率越高越好，但从企业经营角度看，过高的流动比率通常意味着企业闲置资金的持有量过多，必然造成企业机会成本的增加和获利能力的降低。因此，企业应尽可能将流动比率保持在不使货币资金闲置的水平。

（3）流动比率是否合理，不同的企业以及同一企业不同时期的评价标准是不同的，因此，不应用统一的标准来评价各企业流动比率合理与否。

2. 速动比率

速动比率是企业速动资产与流动负债的比值。速动资产是指流动资产减去变现能力较差且不稳定的存货、预付账款、一年内到期的非流动资产和其他流动资产等之后的余额。

由于剔除了存货等变现能力弱且不稳定的资产，因此，速动比率较之流动比率能够更加准确、可靠地评价企业资产的流动性及其偿还短期负债的能力。其计算公式为

$$速动比率=\frac{速动资产}{流动负债}$$

其中：速动资产=流动资产-存货-预付款项-一年内到期的非流动资产-其他流动资产

按照上述公式，珠江钢琴2020年的速动比率为1.70。

$$珠江钢琴2020年的速动比率=\frac{2\ 011\ 919\ 690.48}{1\ 180\ 115\ 694.34}=1.70$$

二维码3-3
课堂思考答案

| 课堂思考 |
企业究竟应保持多高水平的速动比率才最合适呢？

在分析时需注意的是：尽管速动比率较之流动比率更能反映出流动负债偿还的安全性和稳定性，但并不能认为速动比率较低的企业的流动负债到期绝对不能偿还。实际上，如果企业存货流转顺畅，变现能力较强，即使速动比率较低，只要流动比率高，企业仍然有望偿还到期的债务本息。

3. 现金流动负债比率

现金流动负债比率是企业一定时期的经营现金净流量同流动负债的比值，它可以从现金流量角度来反映企业当期偿付短期负债的能力。其计算公式为

$$现金流动负债比例=\frac{年经营现金净流量}{年末流动负债}$$

其中，年经营现金净流量指一定时期内，企业经营活动所产生的现金及现金等价物流入量与流出量的差额。

按照上述公式，珠江钢琴2020年的现金流动负债比率为0.46。

$$珠江钢琴2020年的现金流动负债比率=\frac{547\ 878\ 507.49}{1\ 180\ 115\ 694.34}=0.46$$

二维码3-4
课堂思考答案

| 课堂思考 |
企业究竟应保持多高水平的现金流动负债比率才最合适呢？

（二）长期偿债能力分析

长期偿债能力是指企业偿还长期负债的能力。企业长期偿债能力的衡量指标主要有资产负债率、产权比率和已获利息倍数等。

1. 资产负债率

资产负债率又称负债比率，是指企业负债总额对资产总额的比值，表明企业资产总额中，债权人提供资金所占的比重，以及企业资产对债权人权益的保障程度。其计算公式为

$$资产负债率 = \frac{负债总额}{资产总额} \times 100\%$$

按照上述公式，珠江钢琴2020年的资产负债率为25.96%。

$$珠江钢琴2020年的资产负债率 = \frac{1\ 245\ 378\ 254.95}{4\ 798\ 196\ 583.39} \times 100\% = 25.96\%$$

一般情况下，资产负债率越小，表明企业长期偿债能力越强，但是也并非说该指标对谁都是越小越好。从债权人来说，该指标越小越好，这样企业偿债越有保证；从企业所有者来说，如果该指标较大，说明利用较少的自有资本投资形成了较多的生产经营用资产，不仅扩大了生产经营规模，而且在经营状况良好的情况下，还可以利用财务杠杆的原理，得到较多的投资利润。如果该指标过小，则表明企业对财务杠杆利用不够。但资产负债率过大，则表明企业的债务负担重，企业资金实力不强，不仅对债权人不利，而且企业有濒临破产的危险。此外，企业的长期偿债能力应与获利能力指标（收益）结合起来分析，予以平衡考虑。

| 课堂思考 |

企业究竟应保持多高水平的资产负债率才最合适呢？

二维码3-5
课堂思考答案

2. 产权比率

产权比率是指负债总额与所有者权益的比率，是企业财务结构稳健与否的重要标志，也称资本负债率。它反映企业所有者权益对债权人权益的保障程度。其计算公式为

$$产权比率 = \frac{负债总额}{所有者权益总额} \times 100\%$$

按照上述公式，珠江钢琴2020年的产权比率为35.05%。

$$珠江钢琴2020年的产权比率 = \frac{1\ 245\ 378\ 254.95}{3\ 552\ 818\ 328.44} \times 100\% = 35.05\%$$

一般情况下，产权比率越低，表明企业的长期偿债能力越强，债权人权益的保障程度越高，承担的风险越小，但企业不能充分地发挥负债的财务杠杆效应。所以，企业在评价产权比率适度与否时，应从提高获利能力与增强偿债能力两个方面综合进行，即在保障债务偿还安全的前提下，应尽可能提高产权比率。

| 课堂思考 |

企业究竟应保持多高水平的产权比率才最合适呢？产权比率与资产负债率的异同点有哪些？

二维码3-6
课堂思考答案

3. 已获利息倍数

已获利息倍数又称利息保障倍数，是指企业一定时期息税前利润与利息支出的比率，

反映了企业获利能力对债务偿付的保证程度。其中，息税前利润是指利润总额与利息支出的合计数，利息支出是指实际支出的借款利息、债券利息等。其计算公式为

$$已获利息倍数=\frac{息税前利润}{应付利息}$$

式中　息税前利润=利润总额+利润表中的利息费用
　　　　　　　=净利润+所得税+利润表中的利息费用

按照上述公式，珠江钢琴2020年的已获利息倍数为12.66。

$$珠江钢琴2020年的已获利息倍数=\frac{196\ 150\ 205.62+16\ 815\ 772.91}{16\ 815\ 772.91}=12.66$$

已获利息倍数不仅反映了企业获利能力的大小，而且反映了获利能力对偿还到期债务的保证程度，它既是企业举债经营的前提依据，也是衡量企业长期偿债能力大小的重要标志。一般情况下，已获利息倍数越高，表明企业长期偿债能力越强。

二维码3-7
课堂思考答案

| 课堂思考 |

企业究竟应保持多高水平的已获利息倍数才最合适呢？

三、盈利能力分析

在评价企业盈利能力时，常用的指标有毛利率、营业利润率、总资产报酬率、净资产收益率等。

1. 毛利率

毛利是营业收入扣除营业成本后的金额。毛利率的计算公式为

$$毛利率=\frac{营业收入-营业成本}{营业收入}\times 100\%$$

毛利是企业盈利的源泉。一般来说，竞争比较激烈的产品，毛利水平通常都比较低。那些适应市场需求、研发能力强的产品，通常都能获得高毛利。

按照上述公式，珠江钢琴2020年毛利率为26.12%。

$$珠江钢琴2020年毛利率=\frac{1\ 751\ 896\ 090.27-1\ 294\ 325\ 380.30}{1\ 751\ 896\ 090.27}\times 100\%=26.12\%$$

2. 营业利润率

营业利润率是企业一定时期营业利润与营业收入的比率。其计算公式为

$$营业利润率=\frac{营业利润}{营业收入}\times 100\%$$

营业利润率越高，表明企业市场竞争力越强，发展潜力越大，从而获利能力越强。

按照上述公式，珠江钢琴2020年营业利润率为11.04%。

$$珠江钢琴2020年营业利润率=\frac{193\ 344\ 324.46}{1\ 751\ 896\ 090.27}\times 100\%=11.04\%$$

3. 总资产报酬率

总资产报酬率是企业一定时期内获得的报酬总额与平均资产总额的比率。它是反映企业资产综合利用效果的指标，也是衡量企业利用债权人和所有者权益总额所取得盈利的重要指标。其计算公式为

$$总资产报酬率 = \frac{息税前利润}{平均资产总额} \times 100\%$$

其中，平均资产总额是总资产（资产总计）的期初数与期末数之和再除以2。资产负债表所有项目的平均余额计算方法与此相同。

总资产报酬率全面反映了企业全部资产的获利水平，企业所有者和债权人对该指标都非常关心。一般情况下，该指标越高，表明企业的资产利用效益越好，整个企业获利能力越强，经营水平越高。

按照上述公式，珠江钢琴2020年总资产报酬率为4.60%。

$$珠江钢琴2020年总资产报酬率 = \frac{196\ 150\ 205.62 + 16\ 815\ 772.91}{(4\ 798\ 196\ 583.39 + 4\ 470\ 698\ 047.10) \div 2} \times 100\% = 4.60\%$$

4. 净资产收益率

净资产收益率是企业一定时期净利润与平均净资产的比率。它是反映企业自有资金投资收益水平的指标，是企业盈利能力指标的核心。其计算公式为

$$净资产收益率 = \frac{净利润}{平均净资产} \times 100\%$$

其中

$$平均净资产 = \frac{所有者权益年初数 + 所有者权益年末数}{2}$$

净资产收益率是评价企业自有资本及其积累获取报酬水平的最具综合性与代表性的指标，反映企业资本运营的综合效益。该指标通用性强，适应范围广，不受行业限制，在国际上的企业综合评价中使用率非常高。通过对该指标的综合对比分析，可以看出企业盈利能力在同行业中所处的地位，以及与同类企业的差异水平。一般认为，净资产收益率越高，企业自有资本获取收益的能力越强，运营效益越好，对企业投资人和债权人权益的保证程度越高。

按照上述公式，珠江钢琴2020年净资产收益率为4.96%。

$$珠江钢琴2020年净资产收益率 = \frac{172\ 954\ 060.14}{(3\ 552\ 818\ 328.44 + 3\ 425\ 297\ 912.12) \div 2} = 4.96\%$$

四、营运能力分析

营运能力是指企业充分利用现有资源创造社会财富的能力，它是评价企业资产利用程度和营运活力的标志。强有力的营运能力，既是企业获利的基础，又是企业及时、足额地偿付到期债务的保证。

营运能力分析，主要是通过销售收入（或销售成本）与企业各项资产的比例关系，分

析各项资产的周转速度，了解各项资产对收入和财务目标的贡献程度。因此，营运能力分析也称资产管理比率分析。一般来说，企业取得的销售收入越多，所需投入的资产价值也就越大。如果企业投入的资产价值大、收入少、利润低，则说明企业资产投入的构成不合理，经济资源没有得到有效配置和利用。如果企业投入的资产能创造较高的收入，获得较多利润，则说明企业投资合理，各项资产之间的比例恰当，资产使用效率高。营运能力分析的比率指标主要包括总资产周转率、应收账款周转率、存货周转率等。周转率有两种表现形式：一是资产在一定时期内周转的次数；二是资产周转一次所需要的时间（天数）。

通过周转率指标，可以分别提示企业资产管理效率的高低、销售能力的强弱、信用状况的好坏及管理者工作绩效的优劣等。

$$周转率（周转次数）=\frac{周转额}{资产平均余额}$$

$$周转率（周转天数）=\frac{计算期天数}{周转次数}=资产平均余额\times\frac{计算期天数}{周转额}$$

具体地说，营运能力分析可以从以下几个方面进行：流动资产周转情况分析、固定资产周转情况分析以及总资产周转情况分析等。

1. 应收账款周转率

应收账款周转率是企业一定时期内营业收入（或销售收入，本模块下同）与应收账款平均余额的比率，是反映应收账款周转速度的指标。其计算公式为

$$应收账款周转率（周转次数）=\frac{营业收入}{应收账款平均余额}$$

$$应收账款平均余额=\frac{（应收账款余额年初数+应收账款余额年末数）}{2}$$

$$应收账款周转期（周转天数）=\frac{365}{应收账款周转次数}$$

按照上述公式，珠江钢琴2020年应收账款周转率为23.18，周转天数为15.75天。

$$珠江钢琴2020年应收账款周转率=\frac{1\ 751\ 896\ 090.27}{（75\ 545\ 589.30+75\ 589\ 222.98）\div 2}=23.18$$

$$珠江钢琴2020年应收账款周转天数=\frac{365}{23.18}=15.75\ （天）$$

应收账款周转率反映了企业应收账款变现速度的快慢及管理效率的高低，周转率高表明：①收账迅速，账龄较短；②资产流动性强，短期偿债能力强；③可以减少收账费用和坏账损失，从而相对增加企业流动资产的投资收益。同时借助应收账款周转期与企业信用期限的比较，还可以评价购买单位的信用程度，以及企业原定的信用条件是否适当。

2. 存货周转率

存货周转率是指企业一定时期营业成本与存货平均余额的比率，是反映企业流动资产流动性的一个指标，也是衡量企业生产经营各环节中存货运营效率的一个综合性指标。其

计算公式为

$$存货周转率（周转次数）=\frac{营业成本}{存货平均余额}$$

其中

$$存货平均余额=\frac{存货余额年初数+存货余额年末数}{2}$$

$$存货周转期（周转天数）=\frac{365}{存货周转次数}$$

按照上述公式，珠江钢琴2020年存货周转率为1.32，周转天数为276.52天。

$$珠江钢琴2020年存货周转率=\frac{1\,294\,325\,380.30}{(982\,335\,560.81+980\,876\,598.25)\div 2}=1.32$$

$$珠江钢琴2020年存货周转天数=\frac{365}{1.32}=276.52（天）$$

存货周转速度的快慢，不仅反映出企业采购、储存、生产、销售各环节管理工作状况的好坏，而且对企业的偿债能力及获利能力产生决定性的影响。一般来讲，存货周转率越高越好，存货周转率越高，表明其变现的速度越快，周转额越大，资产占用水平越低。因此，通常存货既不能储存过少，否则可能造成生产中断或销售紧张；又不能储存过多，而形成呆滞、积压。一定要保持结构合理、质量可靠。其次，存货是流动资产的重要组成部分，其质量和流动对企业流动比率具有举足轻重的影响，并进而影响企业的短期偿债能力。故一定要加强存货的管理，以提高其投资的变现能力和获利能力。

在计算存货周转率时应注意以下几个问题：①存货计价方法对存货周转率具有较大的影响，因此，在分析企业不同时期或不同企业的存货周转率时，应注意存货计价方法的口径是否一致；②分子、分母的数据应注意时间上的对应性。

3. 总资产周转率

反映总资产周转情况的主要指标是总资产周转率，它是企业一定时期营业收入与平均资产总额的比值，可以用来反映企业全部资产的利用效率。其计算公式为

$$总资产周转率（周转次数）=\frac{营业收入}{平均资产总额}$$

其中

$$平均资产总额=\frac{资产总额年初数+资产总额年末数}{2}$$

$$总资产周转期（周转天数）=\frac{365}{总资产周转次数}$$

按照上述公式，珠江钢琴2020年总资产周转率为0.38，周转天数为960.53天。

$$珠江钢琴2020年总资产周转率=\frac{1\,751\,896\,090.27}{(4\,798\,196\,583.39+4\,470\,698\,047.10)\div 2}=0.38$$

$$珠江钢琴2020年总资产周转天数=\frac{365}{0.38}=960.53（天）$$

总资产周转率越高，表明企业全部资产的使用效率越高；反之，如果该指标较低，则说明企业利用全部资产进行经营的效率较差，最终会影响企业的获利能力。企业应采取各项措施来提高企业的资产利用程度，如提高销售收入或处理多余的资产。

需要说明的是，在上述指标的计算中均以年度作为计算期。在实际中，计算期应视分析的需要而定，但应保持分子与分母在时间口径上的一致。如果资金占用的波动性较大，企业应采用更详细的资料进行计算。如果各期占用额比较稳定，波动不大，季度、年度的平均资金占用额也可以直接用（期初数+期末数）/2的公式来计算。

任务总结

财务报表财务比率分析，就是运用偿债能力、盈利能力、营运能力的指标分析，利用企业财务报表提供的信息对企业经营业绩进行评价。偿债能力是企业对到期债务清偿的能力或现金保证程度。盈利能力是企业获取利润的能力。利润是投资者取得投资收益，债权人收取本息的资金来源，是衡量企业长期发展能力的重要指标。营运能力是企业使用其经济资源（或资产）的效率及有效性。企业营运能力分析是以企业各种资产周转率或周转期为计算主体，来分析企业利用各种资产的能力。

任务二 财务报表结构分析和趋势分析

引导案例

前一个任务中，我们已经通过相关财务指标计算，分析了珠江钢琴的经营业绩。那么，珠江钢琴资产、负债各项目的结构是否合理？各报表项目最近几年是否存在重大变化项目？这就需要我们对财务报表进行结构和趋势分析，从而对财务报表质量进行深入剖析。

一、资产负债表结构分析和趋势分析

资产负债表的结构分析是以总资产除每个报表项目，得到每个资产负债表项目占总资产的比例。

资产负债表的结构不仅体现了企业的行业特征，还反映了企业运用资产的合理性。大型装备制造企业的固定资产投入较大，而小型零部件制造企业的流动资产占比重比较高。在特定的经营环境下，一个行业的资产负债结构会形成合理的经验数据。合理的经验数据表示企业在市场竞争和经营过程中形成的有效的分布。例如，销售2亿元的制药企业，需要投入多少长期资产，同时配备多少流动资金和金融机构贷款，因此产生了资产与负债有效搭配的经验数据。一个行业的资产负债分布经验数据是基于平均数的判断，不同企业之间的资产负债分布都存在差异。

以下我们针对珠江钢琴2018—2020年财务数据做如下分析。

（一）珠江钢琴资产结构及变化趋势

1. 珠江钢琴流动资产、非流动资产结构分析

珠江钢琴流动资产、非流动资产结构分析见表3-5。

表3-5 珠江钢琴资产结构分析　　　　　　　　　　　　　　　　　　（单位：万元）

项　目	2020年12月31日		2019年12月31日		2018年12月31日	
	金　额	比　例	金　额	比　例	金　额	比　例
流动资产	301 346.35	62.80%	267 970.21	59.94%	255 891.45	58.47%
非流动资产	178 473.31	37.20%	179 099.60	40.06%	181 753.69	41.53%
资产总计	479 819.66	100.00%	447 069.80	100.00%	437 645.14	100.00%

上述各期末，珠江钢琴流动资产、非流动资产占总资产的比例基本保持稳定，资产结构未发生重大变化。2018年年末、2019年年末和2020年年末，珠江钢琴流动资产占总资产的比例分别为58.47%、59.94%和62.80%。从资产结构看，珠江钢琴流动资产占总资产的比例基本上维持在较高的水平，主要原因是：①钢琴结构比较复杂，其构件所用材料主要由木材和铸铁构成，制作品质优良的钢琴对木材有很高的要求，木材从购进原木开始自然干燥到精加工需要近1年的时间，而钢琴整琴的生产需要3~5个月，生产周期较长导致生产过程中会结存较大金额的在产品、库存商品，以及为满足生产也需储备一定的原材料，导致存货金额较大；②在正常生产过程中，需要储备一定比例的货币资金，以满足采购、生产日常支付所需；③珠江钢琴产品单价较高，与经销商签订的单个合同金额较大，在正常的经营过程中会因给予的信用期不同而形成较大金额的应收账款。

2. 珠江钢琴流动资产构成与分析

各期末珠江钢琴流动资产构成见表3-6。

表3-6 珠江钢琴流动资产构成　　　　　　　　　　　　　　　　　　（单位：万元）

项　目	2020年12月31日		2019年12月31日		2018年12月31日	
	金　额	比　例	金　额	比　例	金　额	比　例
货币资金	192 785.62	63.97%	108 985.79	40.73%	69 344.26	27.10%
交易性金融资产	244.72	0.08%	46 207.54	17.27%		0.00%
应收账款	7 554.56	2.51%	7 558.92	2.83%	8 569.56	3.35%
预付款项	959.23	0.32%	588.68	0.22%	2 489.71	0.97%
其他应收款	607.06	0.20%	679.02	0.25%	651.99	0.25%
存货	98 233.56	32.60%	98 087.66	36.66%	87 524.52	34.20%
其他流动资产	961.60	0.32%	5 462.59	2.04%	87 311.41	34.12%
流动资产合计	301 346.35	100.00%	267 570.20	100.00%	255 891.45	100.00%

由表3-6可见，珠江钢琴流动资产包括货币资金、交易性金融资产、应收账款、预付款项、其他应收款、存货等，其中主要由货币资金、应收账款和存货构成，具体分析如下：

（1）公司除货币资金外，存货占流动资产和总资产的比例最高，各期末公司存货构成

见表3-7。

表 3-7 期末公司存货构成　　　　　　　　　　（单位：万元）

项目	2020年12月31日		2019年12月31日		2018年12月31日	
	金额	比例	金额	比例	金额	比例
原材料	26 409.14	26.884%	29 766.19	30.347%	29 623.68	33.85%
在产品	30 173.77	30.716%	29 890.64	30.473%	23 113.56	26.41%
库存商品	35 694.80	36.337%	31 853.15	32.474%	28 749.55	32.85%
周转材料	462.64	0.471%	605.25	0.617%	624.48	0.71%
发出商品	5 490.54	5.589%	5 957.08	6.073%	5 181.13	5.92%
在途物资	2.67	0.003%	15.34	0.016%	232.11	0.27%
合计	98 233.55	100.00%	98 087.66	100.00%	87 524.52	100.00%

珠江钢琴存货主要是原材料、在产品、库存商品，合计占存货比例在90%以上。珠江钢琴存货金额及占比相对较高的原因主要与钢琴的生产特点和珠江钢琴的钢琴生产工艺有关。钢琴产品由数千个零部件组成，结构、生产和装配工艺较为复杂，产品的生产周期较长，因而珠江钢琴原材料和在产品在日常经营中必须保持一定的储备规模。为了保证钢琴的优良品质和性能，根据钢琴生产材料的不同特性，对生产的各个环节制定了严格的工艺流程和检验要求。与国内同行相比，珠江钢琴采用了更系统的工艺路线，特别是木材作为保证钢琴质量品质最主要的材料之一，其工艺路线流程根据不同种类木材需要1~2年的时间。严格完善的工艺流程也导致公司存货金额及在产品占比相对较大。另外，珠江钢琴根据生产周期的安排和客户对不同型号产品的需求，为保证对客户需求的及时交付，有计划地对库存钢琴产品进行了适量的提前储备。

（2）珠江钢琴的货币资金除一部分来自于银行信贷外，大部分来自经营活动产生的现金流入。2018年年末、2019年年末和2020年年末，珠江钢琴的货币资金分别为69 344.26万元、108 985.79万元和192 785.62万元，占流动资产的比例分别为27.10%、40.73%和63.97%，说明珠江钢琴经营情况良好，收现能力较强。

（3）2018年年末、2019年年末和2020年年末，珠江钢琴应收账款分别为8 569.56万元、7 558.92万元和7 554.56万元，应收账款占流动资产比例分别为3.35%、2.83%和2.51%。应收账款绝对值、相对值逐年下降，说明珠江钢琴应收账款发生坏账的可能性较小，应收账款质量较高。

3. 珠江钢琴非流动资产构成与分析

珠江钢琴非流动资产包括固定资产、无形资产、投资性房地产、递延所得税资产、在建工程、长期待摊费用、长期股权投资。2018年年末、2019年年末和2020年年末非流动资产分别为178 473.31万元、179 099.60万元和181 753.69万元，占总资产的比例分别是37.20%、40.06%和41.53%。长期股权投资、其他非流动金融资产、固定资产、无形资产、投资性房地产合计占非流动资产的比例在90%以上。

（二）珠江钢琴负债构成及趋势分析

根据珠江钢琴负债结构表（表3-8）可以看出，珠江钢琴2018年年末、2019年年末和

2020年年末的总负债分别为105 048.46万元、104 540.01万元和124 537.83万元，其中流动负债分别为97 701.74万元、91 331.76万元和118 011.57万元，非流动负债分别为7 346.72万元、13 208.25万元和6 526.26万元；2020年年末非流动负债比2019年年末减少的主要原因是银行长期借款将在一年内到期，转入流动负债。流动负债占负债比例分别为93.01%、87.37%和94.76%，珠江钢琴的负债主要由流动负债构成。

表3-8 珠江钢琴负债结构表　　　　　　　　　　　　　　　　（单位：万元）

项目	2020年12月31日		2019年12月31日		2018年12月31日	
	金额	比例	金额	比例	金额	比例
流动负债	118 011.57	94.76%	91 331.76	87.37%	97 701.74	93.01%
非流动负债	6 526.26	5.24%	13 208.25	12.63%	7 346.72	6.99%
负债合计	124 537.83	100.00%	104 540.01	100.00%	105 048.46	100.00%

二、利润表结构分析和趋势分析

珠江钢琴利润主要来源于营业毛利，投资收益和营业外净收入对珠江钢琴利润影响较小，珠江钢琴收入、成本、费用及利润的变动情况见表3-9。

表3-9 珠江钢琴利润表变动情况　　　　　　　　　　　　　（单位：万元）

项目	2020年度		2019年度		2018年度
	金额	增幅	金额	增幅	金额
一、营业总收入	175 189.61	−14.69%	205 345.60	4.00%	197 456.09
其中：营业收入	175 189.61	−14.69%	205 345.60	4.00%	197 456.09
利息收入	0.00	0.00%	0.00	0.00%	0.00
二、营业总成本	158 929.82	−14.78%	186 493.61	3.09%	180 905.35
其中：营业成本	129 432.54	−9.50%	143 021.23	5.47%	135 607.72
利息支出	0.00	0.00%	0.00	0.00%	0.00
税金及附加	1 699.12	−31.79%	2 490.98	3.01%	2 418.25
销售费用	6 489.58	−54.24%	14 181.23	−13.36%	16 367.77
管理费用	13 652.69	−18.99%	16 852.76	8.77%	15 494.10
研发费用	8 267.48	−15.38%	9 769.77	0.52%	9 719.56
财务费用	−611.57	−444.29%	177.63	−86.31%	1 297.96
其中：利息费用	1 681.58	33.52%	1 259.46	15.54%	1 090.04
利息收入	2 928.03	115.61%	1 357.99	170.97%	501.16
加：其他收益	1 404.23	17.20%	1 198.14	−36.18%	1 877.36
投资收益	2 800.75	−3.23%	2 894.12	−24.78%	3 847.56
其中：对联营企业和合营企业的投资收益	−217.00	−31.42%	−316.40	531.99%	−50.06
公允价值变动收益	−144.88	538.80%	−22.68	0.00%	0.00
信用减值损失	−0.83	−91.49%	−9.80	0.00%	0.00

（续）

项 目	2020年度		2019年度		2018年度
	金 额	增 幅	金 额	增 幅	金 额
资产减值损失	−983.77	−40.48%	−1 652.80	−19.79%	−2 060.49
资产处置收益	−0.85	−100.24%	353.35	−773.58%	−52.46
三、营业利润	19 334.43	−10.54%	21 612.31	7.19%	20 162.71
加：营业外收入	712.29	32.88%	536.06	47.68%	362.98
减：营业外支出	431.70	−48.95%	845.58	75.06%	483.01
四、利润总额	19 615.02	−7.92%	21 302.79	6.29%	20 042.67
减：所得税费用	2 319.61	−10.45%	2 590.39	−1.76%	2 636.72
五、净利润	17 295.41	−7.57%	18 712.40	7.51%	17 405.95

（一）珠江钢琴营业收入构成分析

2018年、2019年珠江钢琴的钢琴全球市场占有率始终保持在20%以上。近几年来，随着我国国民经济持续稳步增长，文化事业更加繁荣，音乐教育更加普及，居民用于购买文化用品的支出持续增加，我国钢琴行业的产销量稳步上升，国内市场已成为全球增长最快的钢琴消费市场。2020年年末销售收入大幅减少，主要是受新冠肺炎疫情的影响。但伴随着疫情的控制，特别是公司通过全资子公司欧洲钢琴持有舒密尔管理公司的90%股权，预计未来会带来销售收入的增量。

根据珠江钢琴营业收入构成表（表3-10）可知，2018年、2019年和2020年，珠江钢琴营业收入分别为197 456.09万元、205 345.60万元和175 189.61万元，营业收入主要来源于主营业务收入，占营业收入的比例在98%以上。主营业务收入中主要是钢琴及配件销售收入，钢琴及配件销售收入占营业收入的比例分别为96.28%、97.79%和95.94%。收入构成中，其他业务收入占营业收入的比例较低。

表3-10　珠江钢琴营业收入构成表　　　　（单位：万元）

项 目		2020年度		2019年度		2018年度	
		金 额	比 例	金 额	比 例	金 额	比 例
主营业务收入	钢琴及配件	168 071.82	95.94%	197 162.67	97.79%	190 101.23	96.28%
	教育培训、传媒及其他	5 311.65	3.03%	6 479.02	1.06%	6 294.94	3.19%
其他业务收入		1 806.14	1.03%	1 703.91	1.05%	1 059.93	0.54%
合 计		175 189.61	100.00%	205 345.60	100.00%	197 456.09	100.00%

（二）珠江钢琴期间费用分析

珠江钢琴期间费用及占营业收入的比例情况见表3-11。珠江钢琴的期间费用控制总体较好，期间费用占营业收入的比例基本稳定，并呈略微下降趋势，2018年、2019年和2020年，期间费用分别占营业收入的16.79%、15.20%和11.15%。

表 3-11　珠江钢琴期间费用情况　　　　　　　　　　　　　　　　（单位：万元）

项目名称	2020年 数值	2020年 占营业收入比重	2019年 数值	2019年 占营业收入比重	2018年 数值	2018年 占营业收入比重
销售费用	6 489.58	3.70%	14 181.23	6.91%	16 367.77	8.29%
管理费用	13 652.69	7.79%	16 852.76	8.21%	15 494.10	7.85%
财务费用	−611.57	−0.35%	177.63	0.09%	1 297.96	0.66%
合计	19 530.70	11.15%	31 211.62	15.20%	33 159.83	16.79%

> **职业素养　真实可靠，严谨细致观报表**
>
> 　　财务报表能够反映一个企业整体财务状况和经营成果，为管理者、投资者、债权人、政府部门等提供数据。因此，必须保证财务报表的真实性和准确性。"诚者，天之道也；思诚者，人之道也。"人无信不立，企业和企业家更是如此。社会主义市场经济是信用经济、法治经济。企业家要做诚信守法的表率，带动全社会道德素质和文明程度提升。
>
> 　　作为普通投资者，同样希望财务报表真实可靠，会计信息要有用。如果财务报表所提供的会计信息是不可靠的，就会给投资者等使用者的决策产生误导甚至损失。当然也需要我们严谨细致地分析财务报表，遗漏同样会造成资料的虚假或令人误解，从而影响信息使用者的正确决策。

任务总结

　　结构分析主要是了解企业财务报表各项目在构成上的变化及其合理性。趋势分析是通过财务报表项目在时间上的变化了解企业的财务状况和经营成果的趋势走向。趋势分析可以与财务比率分析、结构分析结合起来，发现那些出现重大变化的项目，并做深入的分析。

任务三　财务报表比较分析

引导案例

　　我们已对珠江钢琴的财务报表进行了深入的分析。那么，我们是否可以据此判断企业的好坏？能够知道珠江钢琴的财务状况在行业中的地位？显然，单凭这些数据是难以解决上述问题的。必须结合行业情况，选择比较的标准，通过横向和纵向对比来综合分析企业的经营状况。以下以珠江钢琴为例，采用行业竞争对手标准，比较分析珠江钢琴主要财务指标情况。

　　财务比率分析通常采用的比较标准包括历史标准（财务指标的纵向比较）、行业标准（财务指标的横向比较）和目标标准（财务指标的标准比较）。历史标准是用企业两期或者连续数期的财务指标对比各期的财务状况，以揭示当期企业财务状况和经营情况增减变化的情况。行业标准是把企业主要财务指标与外部相关指标做横向比较，以揭示企业生产经营工作与其他企业相比存在的差距，并恰当评价企业所处的行业地位及竞争力。目标标准是企业本期实际指标与标准指标进行比较,在这里标准指标可以是企业财务计划确定的计划数值、预算数值或行业指定的标准数值,也可以是上级单位下达的计划数值或任务数值,还可以是经过长期经验积累并经人们一致公认的标准数值。

一、行业比较

从市场占有率角度看,珠江钢琴市场稳步增长,领跑优势明显。国内钢琴市场的年销售额约为60亿元,并以年均10%~15%的速度稳步增长。2020年国内市场占有率达到41.54%,全球市场占有率达31.10%,连续20年产品销量及市场占有率居全球第一,是行业当之无愧的领跑龙头。

从盈利能力角度看,虽然 2020年上半年受新冠肺炎疫情影响,钢琴行业整体市场需求下降,综合毛利率从2018年的30.47%下降至2020年的25.39%,但跟国内其他知名钢琴企业相比,珠江钢琴的综合毛利率也处于领先地位。

从运营能力和偿债能力角度看,除了因为公司对生产钢琴所需的木材的处理周期较长导致存货周转率相对较低外,珠江钢琴的应收账款周转率、资产负债率、资金流动性等都高于行业平均水平。

二、与主要竞争对手比较

目前钢琴行业定位于高端钢琴的制造商包括美国"施坦威"、奥地利"贝森多夫"、德国"贝希斯坦"等;中高端钢琴制造商包括珠江钢琴、雅马哈(杭州)等;另一类则是普及型钢琴制造商,由于其钢琴价格便宜,也能满足部分消费者的需求。目前国内钢琴行业上市公司包括珠江钢琴和海伦钢琴,所以在这里我们将珠江钢琴与海伦钢琴的财务指标进行比较。

(一)偿债能力指标比较

珠江钢琴与海伦钢琴的偿债能力指标比较,见表3-12。

表3-12 偿债能力指标比较

项　目	公 司 名 称	2020-12-31	2019-12-31	2018-12-31
资产负债率	珠江钢琴	25.96	23.38	24
	海伦钢琴	22.45	22.13	21.04
流动比率	珠江钢琴	2.55	2.93	2.62
	海伦钢琴	2.08	2.22	3.03
速动比率	珠江钢琴	1.72	1.86	1.72
	海伦钢琴	1.06	1.21	1.06

表3-12是珠江钢琴与海伦钢琴的偿债能力指标对比表。与海伦钢琴相比,珠江钢琴流动比率和速动比率整体高于海伦钢琴相关指标,海伦钢琴的资产负债率低于珠江钢琴。

结合珠江钢琴自身情况看,珠江钢琴2018—2020年经营性现金流量充足,息税前利润可以足额偿还借款及利息。近年来珠江钢琴未发生贷款逾期不还的情况,在借款银行中信誉良好。因此,珠江钢琴偿债能力总体较强,在行业中具有一定的竞争优势。

（二）资产周转能力指标比较

珠江钢琴与海伦钢琴的资产周转能力指标比较，见表3-13。

表3-13 资产周转能力指标比较

项 目	公 司 名 称	2020-12-31	2019-12-31	2018-12-31
应收账款周转率/（次/年）	珠江钢琴	23.18	25.46	23.08
	海伦钢琴	4.71	6.14	5.76
存货周转率/（次/年）	珠江钢琴	1.32	1.54	1.6
	海伦钢琴	1.3	1.57	1.81
总资产周转率/（次/年）	珠江钢琴	0.38	0.46	0.46
	海伦钢琴	0.37	0.46	0.49

从表3-13可以看出，珠江钢琴应收账款周转率远高于海伦钢琴，表明珠江钢琴应收账款管理较好，回款较快；存货周转率略低于海伦钢琴，这是因为为提高产品质量，珠江钢琴对生产钢琴所需的木材的处理周期较长；总资产周转率指标二者基本一样。

（三）盈利能力指标比较

1. 毛利率的比较

珠江钢琴与海伦钢琴的毛利率指标比较，见表3-14。

表3-14 毛利率指标比较

项 目	公 司 名 称	2020-12-31	2019-12-31	2018-12-31
毛利率	珠江钢琴	25.39%	29.50%	30.47%
	海伦钢琴	23.80%	28.02%	27.83%

表3-14是珠江钢琴与海伦钢琴的毛利率对比表。受疫情影响，两家的毛利率2019—2020都有下降，但毛利率珠江钢琴均略高于海伦钢琴。

2. 费用的比较

我们通过对珠江钢琴和海伦钢琴两家公司各项费用支出占当期营业收入的比重分析两家公司的差异，见表3-15。

表3-15 两家公司各项费用支出占当期营业收入的比重

项 目	珠 江 钢 琴			海 伦 钢 琴		
	2020	2019	2018	2020	2019	2018
销售费用比	3.7%	6.91%	8.29%	7.35%	8.88%	8.77%
管理费用比	12.51%	12.96%	12.77%	12.28%	12.5%	12.23%
财务费用比	−0.35%	0.09%	0.66%	0.99%	−0.71%	−1.51%
三项费用合计	15.86%	19.96%	21.72%	20.62%	20.67%	19.49%

表3-15是珠江钢琴与海伦钢琴的费用对比表。珠江钢琴三项期间费用控制总体好于海伦钢琴。财务费用方面，2020年珠江钢琴低于海伦钢琴，说明公司经营性现金流量较为充裕，日常经营对银行借款依赖较小，经营风险较小。

| 职业素养　　大局意识，全面辩证看报表 |

我们在分析问题、看待问题时候不能以一个角度进行，要具备全局观念，拥有大局意识。同样的道理，我们在分析财务报表时，不仅要看财务报表中显性数据，也要看到企业经营的真实水平；不仅要看到对立的一面，也要考虑到统一的一面；不仅要看到质变的结果，也要考虑到量变的积累过程。

疫情对国际旅游、住宿餐饮、文化传播等行业财务报表影响较大，2020年年报与2019年年报相比，在营业收入、利润方面出现大幅度的下降。这时候就要分析这个行业中有哪些企业能快速应对社会经济环境的变化，通过这次疫情大考。

财务报表数据只是企业经营活动的表象，这个表象有时候并不能十分准确地反映企业的经营本质，还需要我们拨开云雾、去伪存真，才能看到企业的真实情况。

任务总结

在群体中判断个体，与同行业其他企业进行比较分析可以了解企业各种指标的优劣。在与同行业其他企业进行比较分析时，常选用行业平均水平或行业标准水平，通过比较偿债能力、营运能力、盈利能力等数据，分析得出企业在行业中的地位，认识优势与不足，真正确定企业的价值。

| 案 例 分 析 |

宏远公司是一家工业企业，其部分财务比率见表3-16。

表3-16　宏远公司部分财务比率

月份\项目	1	2	3	4	5	6	7	8	9	10	11	12	月平均
流动比率	2.2	2.3	2.4	2.2	2	1.9	1.8	1.9	2	2.1	2.2	2.2	2.1
速动比率	0.7	0.8	0.9	1	1.1	1.2	1.2	1.2	1.1	1	0.9	0.8	0.98
资产负债率（%）	52	55	60	55	53	50	42	45	46	48	50	52	51
资产净利率（%）	4	6	8	13	15	16	18	16	10	6	4	2	10
销售净利率（%）	7	8	8	9	10	11	12	11	10	8	8	7	9

根据表3-16的数据，试分析下列问题：

（1）该企业生产经营有什么特点？

（2）流动比率与速动比率的变动趋势为什么会产生差异？怎样减小这种差异？

（3）资产负债率的变动说明了什么问题？3月份资产负债率最高说明什么问题？

二维码3-8
案例分析解析

| 课 堂 思 考 |

如何撰写财务分析报告？

二维码3-9
课堂思考答案

测 试 题

一、单项选择题

1. 能反映企业全部财务成果的指标是（   ）。
   A. 主营业务利润   B. 营业利润
   C. 利润总额   D. 净利润

2. 如果企业本年销售收入增长快于销售成本的增长，那么企业本年营业利润（   ）。
   A. 一定大于零   B. 一定大于上年营业利润
   C. 一定大于上年利润总额   D. 不一定大于上年营业利润

3. 与利润分析无关的资料是（   ）。
   A. 利润分配表   B. 应交增值税明细表
   C. 分部报表   D. 营业外收支明细表

4. 下列现金流量比率中，最能够反映盈利质量的指标是（   ）。
   A. 现金毛利率   B. 速动比率
   C. 流动比率   D. 盈余现金保障倍数

5. 能使经营现金流量减少的项目是（   ）。
   A. 无形资产摊销   B. 出售长期资产利得
   C. 存货增加   D. 应收账款减少

6. 在企业处于高速成长阶段，投资活动现金流量往往是（   ）。
   A. 流入量大于流出量   B. 流出量大于流入量
   C. 流入量等于流出量   D. 不一定

7. 总资产报酬率一般是指（   ）与平均总资产之间的比率。
   A. 利润总额   B. 息税前利润
   C. 净利润   D. 息前利润

8. （   ）是反映盈利能力的核心指标。
   A. 总资产报酬率   B. 股利发放率
   C. 总资产周转率   D. 净资产收益率

9. （   ）指标越高，说明企业的资产盈利能力越强。
   A. 总资产周转率   B. 存货周转率
   C. 总资产报酬率   D. 应收账款周转率

10. 如果流动比率大于1，则下列结论成立的是（   ）。
    A. 速动比率大于1   B. 现金比率大于1
    C. 营运资金大于0   D. 短期偿债能力绝对有保障

11. 企业商品经营盈利状况最终取决于（   ）。
    A. 主营业务利润   B. 营业利润

C. 利润总额　　　　　　　　　　　D. 投资收益

12. 如果流动资产大于流动负债，则月末用现金偿还一笔应付账款会使（　　）。
    A. 营运资金减少　　　　　　　　B. 营运资金增加
    C. 流动比率提高　　　　　　　　D. 流动比率降低

13. 影响企业短期偿债能力的最根本的原因是（　　）。
    A. 企业的资产结构　　　　　　　B. 企业的融资能力
    C. 企业的权益结构　　　　　　　D. 企业的经营业绩

14. 运用资产负债表可计算的比率有（　　）。
    A. 应收账款周转率　　　　　　　B. 总资产报酬率
    C. 利息保障倍数　　　　　　　　D. 资产负债率

15. 在企业绩效评价的指标中，最重要的一类是（　　）。
    A. 资产营运　　　　　　　　　　B. 发展能力
    C. 偿债能力　　　　　　　　　　D. 财务效益

16. 最能体现企业经营目标的财务指标是（　　）。
    A. 总资产周转率　　　　　　　　B. 净资产收益率
    C. 销售利润率　　　　　　　　　D. 成本利润率

二、多项选择题

1. 进行负债结构分析时必须考虑的因素有（　　）。
   A. 负债规模　　B. 负债成本　　C. 债务偿还期限　　D. 财务风险
   E. 经营风险

2. 存货周转率偏低的原因可能是（　　）。
   A. 应收账款增加　　　　　　　　B. 降价销售
   C. 产品滞销　　　　　　　　　　D. 销售政策发生变化
   E. 大量赊销

3. 现金流量表中现金所包括的具体内容是（　　）。
   A. 库存现金　　B. 银行存款　　C. 短期证券　　D. 发行债券
   E. 发行股票

4. 反映企业盈利能力的指标有（　　）。
   A. 营业利润　　B. 利息保障倍数　　C. 净资产收益率　　D. 销售利润率
   E. 净利润

5. 应收账款周转率越高越好，因为它表明（　　）。
   A. 收款迅速　　B. 减少坏账损失　　C. 资产流动性高　　D. 销售收入增加
   E. 利润增加

6. 计算速动资产时，把存货从流动资产中扣除的原因有（　　）。
   A. 存货的变现速度慢　　　　　　B. 存货的周转速度慢

C. 存货的成本与市价不一致 D. 有些存货可能已经报废

E. 有些存货可能已经被抵押

7. 某企业流动比率为2，以下业务会使该比率下降的有（　　）。

　　A. 收回应收账款 B. 赊购商品与材料

　　C. 偿还应付账 D. 从银行取得短期借款已入账

　　E. 赊销商品

8. 下列项目中，属于现金流入项目的有（　　）。

　　A. 经营成本节约额 B. 回收垫支的流动资金

　　C. 建设投资 D. 固定资产残值变现收入

9. 属于筹资活动现金流量的项目有（　　）。

　　A. 短期借款增加 B. 资本净增加

　　C. 增加长期投资 D. 偿还长期债券

10. 下列活动中，属于经营活动产生的现金流量有（　　）。

　　A. 销售商品收到的现金 B. 分配股利支出的现金

　　C. 提供劳务收到的现金 D. 出售设备收到的现金

　　E. 缴纳税款支出的银行存款

11. 存货周转率偏低的原因可能是（　　）。

　　A. 应收账款增加 B. 降价销售

　　C. 产品滞销 D. 销售政策发生变化

　　E. 大量赊销

12. 下列项目中，属于速动资产的有（　　）。

　　A. 现金　　B. 应收账款　　C. 其他应收款　　D. 固定资产

　　E. 存货

13. 下列各项指标中，反映短期偿债能力的指标有（　　）。

　　A. 流动比率　　B. 速动比率　　C. 资产负债率　　D. 净资产负债率

　　E. 赚取利息倍数

三、判断题

1. 如果本期未分配利润少于上期，说明企业本期经营亏损。（　）
2. 营业利润是企业营业收入与营业成本及税金之间的差额。（　）
3. 息税前利润等于营业利润与利息支出之和。（　）
4. 经营活动产生的现金流量大于零说明企业盈利。（　）
5. 企业分配股利必然引起现金流出量增加。（　）
6. 最能体现企业经营目标的财务指标是净资产收益率。（　）
7. 利息支出将对筹资活动现金流量和投资活动现金流量产生影响。（　）

8. 从一定意义上讲，流动性比收益性更重要。（　　）

9. 在其他条件不变时，流动资产比重越高，总资产周转速度越快。（　　）

10. 资产周转次数越多，周转天数越多，表明资产周转速度越快。（　　）

11. 现销业务越多，应收账款周转率越高。（　　）

12. 获利能力强的企业，其偿债能力也强。（　　）

13. 对债权人而言，企业的资产负债率越高越好。（　　）

14. 对任何企业而言，速动比率应该大于1才是正常的。（　　）

15. 如果企业的资金全部是权益资金，则企业既无财务风险也无经营风险。（　　）

四、实训题

【目的】练习财务报表分析。

【资料】鹏运公司资产负债表与利润表见表3-17、表3-18。

表 3-17　资产负债表

202×年12月31日　　　　　　　　　　　　　　　　　（单位：万元）

资　产	年 初 数	年 末 数
货币资金	800	900
短期投资	1 000	500
应收账款	1 200	1 300
预付账款	100	150
存货	4 000	5 200
流动资产合计	7 100	8 050
长期投资	400	400
固定资产净值	12 000	14 000
无形资产	500	550
资产总计	20 000	23 000
短期借款	2 000	2 300
应付账款	1 000	1 200
预收账款	300	400
其他应付款	100	100
流动负债合计	3 400	4 000
长期负债	2 000	2 500
实收资本	12 000	12 000
盈余公积	1 600	1 600
未分配利润	1 000	2 900
所有者权益合计	14 600	16 500
负债及所有者权益总计	20 000	23 000

表3-18 利润表　　　　　　　　　　　　　　　　　　　　　　　　（单位：万元）

项　　目	上　年　数	本　年　数
一、营业收入	18 800	21 000
减：营业成本	10 800	12 200
税金及附加	1 080	1 200
销售费用	1 500	1 900
管理费用	1 000	1 000
财务费用	250	300
加：投资收益	200	300
二、营业利润	4 370	4 700
加：营业外收入	150	150
减：营业外支出	500	650
三、利润总额	4 020	4 200
减：所得税费用	1 608	1 680
四、净利润	2 412	2 520

【要求】

（1）计算该公司年初、年末的流动比率、速动比率，分析评价该公司短期偿债能力。

（2）用流动比率、速动比率评价该公司短期偿债能力，并说说还应该结合什么指标进行分析？

（3）计算该公司年初、年末的资产负债率，分析评价该公司长期偿债能力。

（4）评价该公司长期偿债能力，除了资产负债率之外，还应该考虑哪一类指标？请写出具体指标名称，并给出计算公式。

（5）计算该公司上年、本年的净资产收益率、总资产净利率，分析评价该公司盈利能力。

（6）评价公司营运能力应该考虑哪些指标？计算该公司本年的营运能力指标。

模块四 Modular Four

企业经济活动与经营管理

学习目标

知识目标

- 了解本量利分析的相关概念
- 熟悉本量利分析各因素之间的关系
- 理解以相关成本为基础的短期经营决策分析的基本原理

技能目标

- 能熟悉并计算本量利分析的各项指标
- 能熟练运用相关指标进行企业短期经营决策分析

素质目标

- 遵纪守法,树立正确的思想观、人生观、价值观
- 能具备良好的决策能力
- 具有高度责任心、耐心和细心

任务一　本量利分析

引导案例

假设 A 公司生产刨床、车床和铣床三种产品，2021 年该企业的销售部门根据市场需求进行预测，计划部门初步平衡了生产能力，会同财务部门一起编制了各产品销售利润预测表。根据这张预测表，企业的几个部门之间产生了分歧，有的认为既然刨床长期亏损就应该停产，有的认为刨床有一定的市场需求，老客户如果失去也很可惜，还是应该继续生产，但是几种观点都让领导不满意，总经理希望能用数据说话，判断到底是否应该停产刨床。

表 4-1　各产品销售利润预测计算表　　　　单位：万元

项　目	刨　床	车　床	铣　床	合　计
销售收入	1 654.6	1 630.7	1 138.3	4 423.6
销售成本	1 158.2	978.4	569.1	2 705.8
固定成本	523.7	586.1	537.7	1 647.4
销售利润	−27.3	66.2	31.5	70.4

根据领导要求，几个部门通过讨论，根据财务部门给出的各产品变动成本占销售收入的比率分别为刨床 70%、车床 60%、铣床 50%，给出了三种方案：A 方案为停止生产刨床，按原计划生产车床和铣床；B 方案为停止生产刨床，根据生产能力，车床最多增产 40%，铣床最多增产 10%；C 方案为压缩生产刨床 30%，车床增产 36%。

二维码4-1
引导案例答案

案例思考：
1. 如果停止生产刨床，按原计划生产车床和铣床，就能使企业盈利吗？
2. 在各个方案中，增产或减产主要是依据什么指标判断的？

一、本量利分析

本量利分析是对成本、业务量和利润三者依存关系分析的简称，也称为 CVP 分析（cost-volume-profit analysis）。它是指在成本习性分析的基础上，运用数学模型对成本、利润、业务量与单价等因素之间的依存关系进行具体的分析，研究其变动的规律性，以便为企业进行经营决策和目标控制提供有效信息的一种方法。

本量利分析必须以一些基本假设为基础，严格限定它的适用范围，这些基本假设包括以下几方面。

（一）成本性态分析的假设

本量利分析必须在成本性态分析已经完成的基础上进行，即假定成本已经被区分为固定成本和变动成本两大类，并且有关的成本性态模型已经形成。

成本性态是指成本总额与特定业务量之间的依存关系，最终都可分为固定成本和变动成本两大类。其中固定成本指的是在一定时期、一定业务量范围内，其成本总额保持不变的成本，变动成本指的是在一定时期、一定业务量范围内，随着业务量的变动，其总额呈正比例变动的成本。

> **实务提醒**
>
> 通常把在特定的业务量或时期范围内保持成本总额为变动成本或固定成本的范围称为变动成本或固定成本的相关范围。在这个范围内我们把现实生活中的一些成本进行了区分，通常把厂房、机器设备的折旧等作为固定成本，而将原材料费用和人工费用等作为变动成本。

（二）相关范围和线性关系假设

由于本量利分析是在成本性态分析基础上发展起来的，所以成本性态分析的基本假设也就成为本量利分析的基本假设，即在相关范围内，固定成本总额保持不变，变动成本总额随业务量变化呈正比例变化，前者用数学模型表示是$y=a$，后者用数学模型表示是$y=bx$，所以，总成本与业务量呈线性关系，即$y=a+bx$。相应地，假设售价也在相关范围内保持不变，这样，销售收入与销售量之间也呈线性关系，用数学模型来表示就是以售价为斜率的直线$y=px$（p为销售单价）。

（三）品种结构稳定假设

该假设是指在一个生产和销售多种产品的企业里，每种产品的销售收入占总销售收入的比重不会发生变化。但在现实经济生活中，企业很难始终按照一个固定的品种结构来销售产品，如果销售产品的品种结构发生较大变动，必然导致利润与原来品种结构不变假设下预计的利润有很大差别。有了这种假定，就可以使企业管理人员关注价格、成本和业务量对营业利润的影响。

（四）产销平衡假设

产销平衡就是企业生产出来的产品总是可以销售出去，能够实现生产量等于销售量。在这一假设下，本量利分析中的量既指销售量也指生产量，进一步讲，在销售价格不变时，这个量就是指销售收入。但在实际经济生活中，生产量可能会不等于销售量，这时产量因素就会对本期利润产生影响。

（五）目标利润假设

在本书的本量利分析中，除特别说明外，利润指标是指营业利润，而且为简化分析过程，当利润因素为自变量时，总是假定有关利润指标是事先已知的目标利润。

> **知识链接**
>
> 在现实经济生活中，成本、销售数量、价格和利润之间的关系非常复杂。例如，成本与业务量之间可能呈线性关系也可能呈非线性关系；销售收入与销售量之间也不一定是线性关系，因为售价可能发生变动。为了建立本量利分析理论，必须对上述复杂的关系做一些基本假设，由此来严格限定本量利分析的范围，对于不符合这些基本假设的情况，可以进行本量利扩展分析。

二、本量利分析的表达形式

（一）损益方程式

所谓损益方程式就是运用损益法来计算利润，也就是反映价格、成本、业务量和利润各因素之间的相互关系，这也是表达本量利之间数量关系的基本方程式，即

$$\text{税前利润}=\text{销售收入}-\text{总成本}$$
$$=\text{销售价格}\times\text{销售量}-(\text{变动成本}+\text{固定成本})$$
$$=\text{销售单价}\times\text{销售量}-\text{单位变动成本}\times\text{销售量}-\text{固定成本}$$

即

$$P=pQ-bQ-a=(p-b)Q-a$$

式中 P——税前利润；
  p——销售单价；
  b——单位变动成本；
  a——固定成本；
  Q——销售量。

该公式是本量利分析的基本出发点，后面的所有本量利分析可以说都是在该公式基础上进行的。

如前述引导案例，刨床的销售收入明明高于销售成本，为什么计算出来的结果反而是亏损的呢？就是因为在最终计算刨床的盈亏情况时，既包括了刨床的销售成本（变动成本），还要加上分摊给它的共同成本（固定成本），所以即使销售收入高于销售成本，如果分摊的共同成本高，最终也会是亏损的。

（二）边际贡献方程式

边际贡献是指产品的销售收入扣除变动成本之后的金额，表明该产品为企业做出的贡献，也称贡献边际、贡献毛益或边际利润，是用来衡量产品盈利能力的一项重要指标。

边际贡献有两种表现形式：一种是以总额形式表示，称为边际贡献总额（以TCM表示），另一种是以单位的形式表示，称为单位贡献边际（以CM表示）。在计算中，我们还会用到另一种以相对数表现的形式，称为边际贡献率，是边际贡献与销售收入的比率。相关计算公式如下：

$$\text{边际贡献总额（TCM）}=\text{销售收入总额}-\text{变动成本总额}=pQ-bQ$$
$$=\text{单位边际贡献}\times\text{销售量}=CM\times Q$$
$$=\text{销售收入}\times\text{边际贡献率}=pQ\times CMR$$

$$\text{单位边际贡献（CM）}=\text{单价}-\text{单位变动成本}=p-b$$
$$=\text{边际贡献总额}\div\text{销售量}=TCM\div Q$$
$$=\text{单价}\times\text{边际贡献率}=p\times CMR$$

$$\text{边际贡献率（CMR）}=\text{边际贡献总额}\div\text{销售收入}\times 100\%$$
$$=TCM\div pQ\times 100\%$$
$$=\text{单位边际贡献}\div\text{单价}\times 100\%=(CM\div p)\times 100\%$$

$$\text{变动成本率（VCR）}=\text{变动成本总额}\div\text{销售收入总额}\times 100\%$$
$$=(bQ\div pQ)\times 100\%$$

$$=单位变动成本÷单价×100\%$$
$$=(b÷p)×100\%$$

将变动成本率与边际贡献率两个指标联系起来，可以得出：

边际贡献率+变动成本率=1，即CMR+VCR=1，可见，变动成本率与边际贡献率两者是互补的。企业变动成本率越高，边际贡献率就越低；变动成本率越低，其边际贡献率必然越高。

将基本方程式进行转变，可以得出：

$$利润=边际贡献总额-固定成本总额=TCM-a$$

也可以转变成：

$$利润=边际贡献率×销售收入-固定成本总额=CMR×pQ-a$$

（三）销售利润率方程式

利润通常还可以用销售收入的百分比即销售利润率（SR）来表示，而不是按某一个绝对数来表示。这种方程式称为销售利润率方程式，用公式表示为

$$P=销售收入×销售利润率$$
$$=pQ×SR$$

将基本方程式中$P=pQ-bQ-a$代入等式左边，可将上式转换为

$$Q=a÷(p-b-SR×p)$$

如果将等式左右两边同乘以p，则上式又可以转换为

$$pQ=a÷(CMR-SR)$$

（四）本量利图式

将成本、销售量和利润之间的关系反映在直角坐标系上，那就将损益方程式转化为本量利图。本量利图的绘制方法如下：

第一，建立直角坐标系，以销售量为横轴，以总成本或利润为纵轴。

第二，在纵轴上以固定成本a为截距，做一条平行于横坐标的直线即固定成本线；

第三，以$(0, a)$为原点，以b为斜率，做变动成本线；

第四，以$(0, 0)$为原点，以p为斜率，做销售收入线。

绘制结果如图4-1所示。

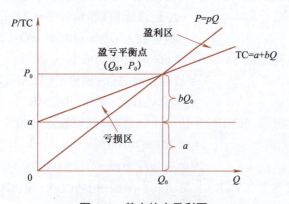

图4-1 基本的本量利图

三、盈亏平衡点分析

(一) 盈亏平衡点的概念

盈亏平衡点分析是进行本量利分析的一项重要内容。盈亏平衡点又称为保本点，是指使得边际贡献与固定成本恰好相等时的销售量或销售收入（又称保本量或保本额）。此时，企业处于不盈不亏的状态。保本点是一个重要指标，企业的销售量只有达到盈亏平衡点才能保本；否则就会出现亏损。

(二) 盈亏平衡点的公式计算法

1. 单一产品的盈亏平衡点分析

企业只销售单一产品，则该产品的盈亏平衡点的计算比较简单。企业不盈不亏时，利润为零，此时的销售量就是企业的盈亏平衡点销售量，再根据本量利分析的基本方程式，可推导出：

$$盈亏平衡点销售量 = 固定成本 \div (销售单价 - 单位变动成本)$$
$$= 固定成本 \div 单位边际贡献$$

即

$$Q_0 = a \div (p - b) = a \div CM$$

相应地，盈亏平衡点销售额 = 盈亏平衡点销售量 × 销售单价
$$= 固定成本 \div 边际贡献率$$

即

$$Y_0 = pQ_0 = a \div CMR$$

| 课堂思考 |

假设浙江正格电子只生产一种产品，2020 年销售收入为 500 万元，税前利润为 50 万元，边际贡献率为 40%。计划 2021 年该公司只追加 20 万元的广告费，其他条件均不变，计算公司 2021 年的保本额。

二维码4-2
课堂思考答案

---

2. 多品种的盈亏平衡点分析

在现实经济生活中，大部分企业生产经营的产品不止一种。在这种情况下，企业的盈亏平衡点就不能用实物量即销售量表示，因为不同产品的实物计量单位是不同的，把这些计量单位不同的产品销量加在一起是没有意义的。所以，企业在产销多种产品的情况下，只能用销售额来表示企业的盈亏平衡点。通常计算多品种企业盈亏平衡点的方法有综合边际贡献率法、联合单位法、主要品种法和分算法等，其中较为常用的是综合边际贡献率法，在此对该方法的计算步骤进行分析解释。

综合边际贡献率法是指将各种产品的边际贡献率按照其各自的销售比重这一权数进行加权平均，得出综合边际贡献率，然后再据此计算企业的盈亏平衡点销售额和每种产品的盈亏平衡点的方法。

多品种的盈亏平衡点分析的具体计算步骤是：

第一步，计算各种产品的销售比重。

某种产品的销售比重（w_i）=该种产品的销售额÷全部产品的销售总额
$$=p_iQ_i÷\sum(p_iQ_i)$$
这里需要特别注意的是：销售比重是销售额的比重而不是销售量的比重。

第二步，计算综合边际贡献率。

综合边际贡献率（CMR'）=$\sum$（各种产品边际贡献率×该种产品的销售比重）
$$=\sum(CMR_iw_i)$$

第三步，计算多品种下的综合保本销售额。

多品种下的综合保本销售额=固定成本总额÷综合边际贡献率
$$=a÷CMR'$$

某种产品盈亏平衡点销售额=综合保本销售额×该种产品的销售比重

某种产品盈亏平衡点销售量=某种产品盈亏平衡点销售额÷该种产品销售单价

| 课堂思考 |

二维码4-3
课堂思考答案

假设浙江正格电子生产甲、乙、丙三种产品，其固定成本总额为39 600元，三种产品的有关资料见表4-2。

表4-2　三种产品有关资料

品　种	销售单价（元）	销售量	单位变动成本（元）
甲	2 000	60 件	1 600
乙	500	30 台	300
丙	1 000	65 套	700

采用综合边际贡献率计算该公司的综合保本销售额及各产品的保本销售量。

3. 安全边际和保本点作业率指标

安全边际是指现有或预计销售量（额）超过盈亏平衡点销售量（额）的部分。超出部分越大，企业发生亏损的可能性越小，发生盈利的可能性越大，企业经营就越安全。衡量企业安全边际大小的指标有两个，分别是安全边际量（额）和安全边际率计算公式如下：

安全边际量（额）=现有或预计销售量（额）-盈亏平衡点销售量（额）

安全边际率=安全边际销售量（额）÷现有或预计的销售量（额）×100%

一般用安全边际率来评价企业经营的安全程度。安全边际的经验数据值见表4-3。

表4-3　安全边际的经验数据值

安全边际率	10%以下	10%~20%	20%~30%	30%~40%	40%以上
安全程度	危险	值得注意	比较安全	安全	很安全

保本点作业率是指企业保本点销售量（额）占现有或预计销售量（额）的百分比。该指标越小，表明用于保本的销售量（额）越低；反之越高。其计算公式为

保本点作业率=保本点销售量（额）/现有或预计销售量（额）

> **课堂思考**
>
> 2021年9月浙江正格电子实际销售了400台A产品，销售单价为100元/台，其保本点销售量为300台，请计算浙江正格电子的安全边际量、安全边际额、安全边际率，并对照安全边际的经验数据值，说明该企业的经营情况是否安全。再计算浙江正格电子的保本点作业率，试着谈谈浙江正格电子的保本点作业率说明了什么。

二维码4-4
课堂思考答案

> **知识拓展**
>
> 安全边际指标告诉我们只有达到安全边际才能为企业提供利润，也就是说安全边际的边际贡献就等于利润。用公式表示就是：利润=安全边际额×边际贡献率。将公式两边同时除以销售额，则得出：销售利润率=安全边际率×边际贡献率。这个公式为企业提供了计算销售利润率的另一条思路，表明企业要提高销售利润率，就必须提高安全边际率（即降低保本点作业率）或提高边际贡献率（即降低变动成本率）。

综合以上的所有指标，结合本量利关系式，我们看到本量利关系可以表现出更多的形式：

营业利润（P）=边际贡献−固定成本=TCM−a

=单位边际贡献×销售量−固定成本=CM×Q−a

=边际贡献率×销售收入−固定成本=CMR×pQ−a

=单位边际贡献×（安全边际量+保本点销售量）−固定成本

=单位边际贡献×安全边际量

=边际贡献率×安全边际额

将上式两边同时除以实际销售额可以得出：

$$销售利润率=安全边际率×边际贡献率$$

四、单一产品本量利分析

根据本量利分析的基本关系式，我们可以看出影响保本点的指标是销售单价（p）、单位变动成本（b）和固定成本（a）三个因素，如果各个因素发生变化，对保本点销售量Q_0和目标利润销售量Q_t会有什么影响呢？

1. 销售单价单独变动的影响

从盈亏平衡点的计算公式来看，销售单价提高会使单位边际贡献和边际贡献率上升，也就是盈亏平衡点的计算公式的分母增大，因此，销售单价提高会降低盈亏平衡点，同样的销售量实现的利润就越多；反之，销售单价降低，情况相反。

> **课堂思考**
>
> 假设浙江正格电子生产的产品单位售价为100元/台，单位变动成本60元/台，3月份固定成本为12 000元。假设该产品单价从原来的100元/台提高到120元/台，其他条件不变时，会对保本点产生什么影响？如果目标利润为20 000元，则会对目标利润产生什么影响？

二维码4-5
课堂思考答案

2. 单位变动成本单独变动的影响

从盈亏平衡点的计算公式来看，单位变动成本上升会使单位边际贡献和边际贡献率下降，也就是盈亏平衡点计算公式的分母变小，因此，单位变动成本上升会提高盈亏平衡点，同样的销售量实现的利润就会减少；反之，单位变动成本下降，则情况相反。

假设以上课堂思考案例中其他因素不变，单位变动成本由原来的60元/台降低到了50元/台：

$$Q'_0 = a \div (p-b') = 12\,000 \div (100-50) = 240（台）$$

$$Q'_1 = (a+TP) \div (p-b') = (12\,000+20\,000) \div (100-50) = 640（台）$$

上述计算表明提高单位变动成本之后，浙江正格电子的销售量只要达到240台以上就能保本，在640台以上就能实现目标利润20 000元。这说明在其他条件不变的情况下，降低单位变动成本会提高利润。

3. 固定成本单独变动的影响

从盈亏平衡点的计算公式来看，固定成本上升会使盈亏平衡点的计算公式的分子增大，因此，固定成本上升会提高盈亏平衡点，同样的销售量实现的利润就会减少；反之，固定成本下降，情况相反。

假设课堂思考案例中，其他因素不变，固定成本从原来的12 000元增加到14 000元：

$$Q'_0 = a' \div (p-b) = 14\,000 \div (100-60) = 350（台）$$

$$Q'_1 = (a'+TP) \div (p-b) = (14\,000+20\,000) \div (100-60) = 850（台）$$

上述计算表明提高固定成本之后，浙江正格电子的销售量要达到350台以上才能保本，在850台以上才能实现目标利润20 000元。这说明在其他条件不变的情况下，固定成本增加会减少利润。

五、多品种产品本量利分析

当企业同时生产多种产品时，由于不同产品的盈利性通常是不同的，因此产品品种结构变动必然要对整个企业的盈亏平衡点发生一定的影响。

二维码4-6
课堂思考答案

> **│课堂思考│**
>
> 假设浙江正格电子生产 A、B、C 三种产品，其销售单价分别为200元、50元和100元，其单位变动成本分别为160元、30元和70元。三种产品的销售额比例为6:1:3，全年固定成本总额为5 800元，试计算出各种产品的边际贡献率。从中你能发现什么？

在多品种生产企业中，由于各种产品的边际贡献和计算单位不同，企业的保利点只能通过计算综合边际贡献率来确定综合保利点销售额，再计算出各种产品的保利点销售额和销售量。计算步骤与保本分析类似：

首先计算综合边际贡献率，计算方法见盈亏平衡点分析。

然后计算综合保利销售额：

$$综合保利销售额 = \frac{固定成本 + 目标利润}{综合边际贡献率}$$

最后计算各产品的保利销售额，计算公式为

各产品的保利销售额=综合保利销售额×各产品的销售额权重

> **课堂思考**
>
> 假设浙江正格电子生产A、B、C三种产品，三种产品的销售额比例为5:3:2，全年固定成本总额为38 400元，预计实现利润100 000元，且已知三种产品的加权平均贡献率为32%，要求预测三种产品的保利销售额。

二维码4-7
课堂思考答案

六、利润敏感性分析

（一）利润敏感性分析的概念

利润敏感性分析主要是分析利润的各影响因素发生多大变化时，会导致企业由盈利转为保本（即各因素向不利方向变化的极限值）和各因素变化对利润变化的影响程度等问题。通过掌握各因素的影响程度，企业经营者可以在情况发生变化后采取对策，调整计划，使企业的生产经营活动处于最有利的状态。

（二）各因素变化对利润的影响程度

单价、单位变动成本、销售量和固定成本的变化，会影响利润的高低。这种变化达到一定程度，会使企业利润消失，进入保本状态，使企业的经营状况发生质变。但是这些因素对利润的影响程度有所不同。有的因素发生微小的变化，就会引起利润较大幅度的变化，这类因素属于敏感因素，相反，这些因素变化之后，利润的变化幅度不大，反应比较迟钝，称之为不敏感因素。反映敏感程度的指标是敏感系数，其计算公式为

$$敏感系数 = \frac{目标值变动百分比}{因素值变动百分比}$$

> **课堂思考**
>
> 假设浙江正格电子2021年度只产销一种产品，单位售价为100元/台，单位变动成本60元/台，2021年度的固定成本总额为120 000元，销售量为10 000台。分析当各个因素都增加10%时，对2021年度利润的影响程度。

二维码4-8
课堂思考答案

注意当敏感系数为正值时，表明它与利润同方向增减变化；敏感系数为负值时，表明它与利润呈相反方向增减变化。

任务总结

本量利分析是管理会计中研究成本、业务量、利润三者关系的一项重要的定量分析方法，广泛运用于规划、决策和控制领域，是企业经营管理中必不可少的一种工具。本量利分析提到了一些重要概念：边际贡献、边际贡献率、变动成本率、盈亏平衡点、安全边际和安全边际率。在掌握概念的基础上，还介绍了单一产品下的企业盈亏平衡点分析和多种

产品结构下的盈亏平衡点分析,其中综合边际贡献率法需要理解性掌握。本量利分析还通过揭示单价、单位变动成本、销售量和固定成本之间的各因素变动,提出了各因素对保本点和目标利润的影响,从而帮助企业分析如何调整因素的变动来达到保本或保利的目的。最后敏感性分析主要是研究各因素变化对利润变化的敏感程度。这种敏感程度通过计算敏感系数来确定。

> **职业素养　责任心和专业知识缺一不可**
>
> 　　某特钢公司拥有特钢生产能力 41 万吨,2020 年实际产销钢材 20 万吨,实现销售收入 3.8 亿元,当年亏损却高达 5.8 亿元,2021 年年初该公司一度陷入基本停产的境地,国家相关部门高度重视,派出调研组进驻该公司进行调研,发现该公司编制的年度生产计划中钢材产销量只有 18 万吨,其理由是很多钢材没有边际利润。调研组分析后发现,该公司把制造成本当作变动成本,把销售利润当作边际利润,因此将 A、B、C 三种产品全部砍掉,只生产 D、E、F 三种产品,以致得出错误决策。该公司主要领导缺乏财务专业知识,也对扭转亏损缺乏信心,盲目听信不负责任的会计人员的意见,草率做出决策,是对公司资产的极不负责的做法,因此经上级批准,对公司领导班子进行了全面调整。
>
> 　　公司通过调整后的方案执行结果是:A、B、C 三种产品的单位边际贡献均为正数,因此不能砍掉,而且公司生产能力还有很多剩余,因此应该全部生产,利润总额为亏损 2 815 万元,通过政府贴息政策,免除财务费用 3 000 万元,可实现利润 185 万元。
>
> 　　以上的案例一方面说明了某些公司领导不懂财会基础知识,也不愿意多去想办法解决问题,而是消极地盲目听取不正确意见做出决策的危险性,另一方面也暴露了作为财务人员缺乏应有的责任心,因为公司产品多,变动成本确认比较麻烦,就直接将制造成本替代变动成本敷衍了事,这些都是对公司的极大不负责任的做法。

任务二　短期经营决策分析

引导案例

　　浙江正格电子生产某零件,销售价格为 6 元,销售成本如下:材料 2 元,人工 1 元,变动生产成本 0.5 元,固定生产成本总额 20 000 元,单位固定成本 2 元,因此单个成本为 5.5 元。公司的一个老客户向公司提出了一份特殊订单,要求供应 1 000 个,每个销售价格为 5 元。公司利用现有生产能力能够满足订单需要,且不影响本月总固定成本。但是公司经理关心的是按低于单位成本 5.5 元的价格销售是否会产生亏损,以及是否有别的更好选择呢?

案例思考:
1. 按低于单位成本 5.5 元的价格销售是否会产生亏损呢?
2. 如果有别的方案,要如何进行比较得出最优方案呢?

二维码4-9
引导案例答案

短期经营决策一般是指在一个经营年度或经营周期内能够实现其目标的决策，主要讨论亏损产品是否停产或转产、零部件是自制还是外购、半成品是直接出售还是进一步加工、是否接受特殊价格追加订货、生产工艺技术方案的选择以及存货决策等问题。

一、亏损产品是否停产或转产的决策分析

如果某一种产品的收入低于按传统方法计算的产品成本，出现了亏损，那么对于此类产品是应该停止生产，还是应该继续生产甚至增产，或是将此类产品的生产能力进行转产的问题，应从以下几个方面来分析：

（一）亏损产品是否停产的决策

（1）当亏损产品停产以后，闲置的生产能力无法转移，即无法被用于其他方面，在这种情况下，只要亏损产品的单价大于其单位变动成本，也就是该产品的单位边际贡献大于零就不应该停产。因为一旦停产，亏损产品原先拥有的边际贡献便会消失，一切固定成本都将由其他产品负担，这样企业的利润非但不会增加反而会减少。

● 例4-1 浙江正格电子生产甲、乙、丙三种产品，丙产品是亏损产品，假设停产丙产品生产能力无法转移。各产品利润计算见表4-4。

表4-4　各产品利润计算表　　　　　　　　　　（单位：元）

产品 项目	甲	乙	丙	合　计
销售收入	30 000	20 000	25 000	75 000
减：变动成本	21 000	10 000	20 000	51 000
边际贡献	9 000	10 000	5 000	24 000
减：固定成本①	7 200	4 800	6 000	18 000
利润	1 800	5 200	-1 000	6 000

① 固定成本按销售收入比例分配。

如果丙产品停产，由于固定资产没有减少，丙产品所负担的固定资产将转移到甲、乙产品中，企业的利润将由原来的6 000元减少到1 000元，因此不能停产丙产品。停产丙产品后的利润计算表见表4-5。

表4-5　各产品利润计算表　　　　　　　　　　（单位：元）

产品 项目	甲	乙	合　计
销售收入	30 000	20 000	50 000
减：变动成本	21 000	10 000	31 000
边际贡献	9 000	10 000	19 000
减：固定成本①	10 800	7 200	18 000
利润	-1 800	2 800	1 000

① 固定成本按销售收入比例分配。

（2）当亏损产品停产以后，闲置的生产能力可以转移，如将有关设备对外出租，则必须考虑租金因素（即机会成本）对决策的影响。如果亏损产品创造的边际贡献小于设备出

租产生的租金（机会成本）时，就应该停产，反之，则不应该停产。

若例4-1中丙产品停产后，可将生产该产品的设备出租，一年可获得租金6 000元，则是否停产丙产品？

显然，由于丙产品的边际贡献为5 000元，小于其租金（机会成本）6 000元，因此应该停止生产丙产品转而出租设备，这样可以使企业多获得1 000元利润。

（二）亏损产品是否转产的决策

亏损产品的转产决策是指调整个别品种构成，利用现有条件将亏损产品的生产能力转移到开发新产品以及增产原有老产品上来。

| 课 堂 思 考 |

假设浙江正格电子生产甲、乙、丙三种产品，其中丙产品属于亏损产品，每年销售收入25 000元，变动成本为20 000元，它的生产能力可以转移，既可用于开发丁产品，又可以用于增产原有产品甲或乙，有关资料如下：

（1）丙产品停产后其生产能力可分别用于：增产甲产品2 000件、增产乙产品3 000件或生产丁产品1 000件，且不需要增加专属成本。

（2）单价资料：甲产品为10元，乙产品为20元，丁产品为40元。

（3）单位变动成本资料：甲产品为7元，乙产品为10元，丁产品为12元。

要求：做出丙产品是否转产的决策，如果转产应当转产哪种产品？

二维码4-10
课堂思考答案

二、零部件是自制还是外购的决策分析

零部件是自制还是外购的决策方案通常不涉及相关收入，只需要考虑相关成本因素。因此，根据零部件年需用量是否确定可以分别采用相关成本分析法和成本无差别点法进行决策分析。

当零部件年需用量不确定时，无法计算出自制或外购的总成本，这时就需要采用成本无差别点法进行决策分析。

成本无差别点是指使得两个方案成本相等时的业务量。通常，成本无差别点法可以用图表示，如图4-2所示。

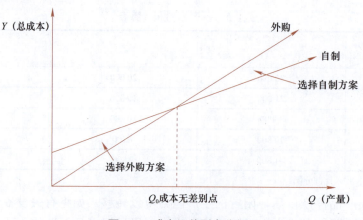

图4-2 成本无差别点分析

由 $a_1 + b_1Q = a_2 + b_2Q$，得出 $Q_0 = \dfrac{a_2 - a_1}{b_1 - b_2}$

式中　a_1——自制方案下的固定成本；

　　　a_2——外购方案下的固定成本；

　　　b_1——自制方案下的单位变动成本；

　　　b_2——外购方案下的单位变动成本。

$Q \in (0, Q_0)$，a_1、a_2 谁小，哪个方案为优；$Q \in (Q_0, +\infty)$，a_1、a_2 谁大，哪个方案为优。一般而言，$Q \in (0, Q_0)$ 应外购，而 $Q \in (Q_0, +\infty)$ 应自制。

| 课堂思考 |

假设浙江正格电子每年需用 K 零件 20 000 件，其相关资料见表 4-6。

表 4-6　K 零件相关资料

（单位：元）

项　目	单位成本	总成本（20 000 件）
直接材料	6	120 000
直接人工	5	100 000
变动性制造费用	7	140 000
固定性制造费用	7	140 000
合计	25	500 000

假设浙江正格电子有足够的生产能力安排生产 K 零件，现在有一个供应商愿意以每件 20 元的价格提供零件，那么 K 零件是自制还是外购呢？假设自制方案需要租入相关设备，年租金为 50 000 元，且 K 零件的年需要量无法确定，做出浙江正格电子取得 K 零件的方式的决策。

二维码4-11
课堂思考答案

三、半成品是直接出售还是进一步加工的决策分析

半成品是直接出售还是进一步加工后再出售的决策，在深加工之前的半成品，无论是变动成本还是固定成本都属于沉没成本，也就是与决策无关的成本，因此不予考虑，相关成本只包括与深加工有关的成本，而相关收入则包括产品直接出售和加工后出售的有关收入。此类决策一般采用差别损益分析法进行决策分析。

● 例4-2　浙江正格电子生产的半成品A，若经过深加工可成为甲产品，年产量3 000件。半成品A的售价为6元/件，单位变动成本为3元/件，甲产品售价为10元/件，单位变动加工成本为2元/件。

要求：根据下面不同情况做出半成品A直接出售还是深加工成甲产品后再出售的决策分析。

（1）假设深加工不需追加专属成本，半成品与产成品的投入产出比为1:1，根据上述资

料编制差别损益分析表，见表4-7。

表 4-7 差别损益分析表　　　　　　　　　　　　　　　　　　　（单位：元）

项　目	深加工后出售	直接出售	差　异　额
相关收入	30 000	18 000	12 000
相关成本	6 000	0	6 000
差别损益			6 000

所以，应继续对半成品A进行深加工，可多获利6 000元。

（2）假设深加工需租入一台专用设备，年租金为5 000元，那么年租金支出即为深加工甲产品的专属成本，也是深加工甲产品的相关成本，此时的差别损益分析表见表4-8。

表 4-8 差别损益分析表　　　　　　　　　　　　　　　　　　　（单位：元）

项　目	深加工后出售	直接出售	差　异　额
相关收入	30 000	18 000	12 000
相关成本	11 000	0	11 000
其中：加工成本	6 000		
专属成本	5 000		
差别损益			1 000

所以，深加工成甲产品后出售比直接出售半成品A仍然多1 000元利润，故选择深加工成甲产品出售的方案。

（3）如果本例中半成品和产成品的投入产出比不是1:1，而是1:0.7，那么深加工成甲产品出售的相关业务量为2 100件，直接出售半成品A的相关业务量为3 000件。此时的差别损益分析表见表4-9。

表 4-9 差别损益分析表　　　　　　　　　　　　　　　　　　　（单位：元）

项　目	深加工后出售	直接出售	差　异　额
相关收入	21 000	18 000	3 000
相关成本	4 200	0	4 200
差别损益			-1 200

可见，深加工成甲产品出售会减少利润1 200元，公司应选择直接出售半成品A。

四、是否接受特殊价格追加订货的决策分析

所谓特殊价格追加订货，是指在企业尚有一定剩余生产能力可以利用的情况下，如果外单位要求以低于正常价格甚至低于单位成本的特殊价格追加订货量，企业是否考虑接受订货的一种决策。常见的几种情况如下：

（一）利用剩余生产能力且剩余生产能力无法转移，不影响正常销售

这种情况下，只要特殊订货单价大于该产品的单位变动成本，就可以接受订单，因为此时企业的固定成本已由正常销售的产品负担，特殊订货带来的边际贡献将全部形成利润。

（二）利用剩余生产能力且剩余生产能力无法转移，但会减少部分正常销售

这种情况下，因为特殊订货会减少部分正常销售，则应将因减少正常销售而损失的边际贡献作为追加订货的机会成本，当追加订货的边际贡献足以补偿这部分机会成本时，则可以接受订货。

（三）当剩余生产能力可以转移时

当剩余生产能力可以转移时，与此相关的可能收益将作为追加订货的机会成本来考虑，当追加订货的边际贡献足以补偿机会成本时，则可以接受订货。

| 课堂思考 |

假设浙江正格电子生产甲产品，最大生产能力4 000件，正常销售3 000件，正常销售价格为10元/件，固定成本总额为9 000元，单位变动成本为7元/件。

（1）现有客户来进货1 000件，最高出价7.5元/件，请问是否应该接受此订货？

（2）如果现有客户来进货1 500件，最高出价7.5元/件，请问是否应该接受此订货？

（3）假设追加订货量1 000件，接受特殊订货需要从企业外部租入一台设备，租金为2 500元，但如果不接受订货剩余生产能力可以对外出租，获取租金3 000元，是否接受追加订货？

二维码4-12
课堂思考答案

五、生产工艺技术方案的决策分析

生产工艺技术方案的决策是指企业在组织生产过程中，既可以选择手工操作方式，也可以安排半自动化、机械化或自动化生产方式的情况下，如何根据生产规模、未来销售量和市场情况等因素选择合适的工艺技术方案。因为这类决策往往不能给出具体的销售量，无法计算出相关收入和相关成本，因此一般采用成本无差别点法。

| 课堂思考 |

假设浙江正格电子2021年生产甲产品可以采用两种不同的工艺技术方案。A方案：采用自动化生产，其单位变动成本为5元/件，年固定成本为15 000元。B方案：采用机械化生产，单位变动成本为7元/件，年固定成本为9 000元。

要求：

（1）做出采用何种工艺技术方案的决策分析。

（2）制作成本无差别点分析图来进行方案的选择分析。

二维码4-13
课堂思考答案

| 职业素养　高质量生产的使命 |

无论是短期还是长期经营决策，都是以制造企业为例进行说明，制造业是国民经济的支柱产业，是国家创造力、竞争力和综合国力的重要体现。2021年针对制造业我国出台了一系列减税政策，先进制造业增值税期末留抵退税政策，对于符合条件的先进制造业企业是较大的利好，尤其是对部分先进制造业放宽了条件，使他们享受期末留抵退税政策门槛更低，有利于企业更好地发展，体现了国家鼓励加大制造业投资的政策导向作用。近年来国外抵制华为的案例也进一步促使国家鼓励智能制造高质量发展的决心，把核心技术掌握在自己手里，才能真正实现民族复兴。

任务总结

决策分析是企业经营管理的核心内容，是针对企业未来经营活动所面临的问题，由各级管理人员做出的有关未来经营战略、方针、目标、措施与方法的决策过程。决策的正确与否关系到企业未来发展的成败。短期经营决策属于决策的一种，主要包括生产决策、定价决策及存货决策。而与本量利分析中的成本性态有关的决策主要是生产决策，生产决策的内容包括亏损产品是否停产或转产、零部件是自制还是外购、半成品是直接出售还是进一步加工、是否接受特殊价格追加订货、生产工艺技术方案的选择等。生产决策分析中，大量涉及了本量利分析中所提到的边际贡献、变动成本等概念，同时出现了机会成本、专属成本、沉没成本等不同性质的成本，这与传统财务会计中所提到的成本有了很大差别，也是企业经营管理中除了传统财务会计之外还需要掌握管理会计的原因所在。

| 案例分析 |

二维码4-14
案例分析解析

乐华旅游鞋厂设有甲、乙两个车间，分别生产女式和男式旅游鞋。生产费用都能按车间划分，企业管理费用按固定比例分配给两个车间。生产工人可按任务在车间之间调动。每生产一双女式旅游鞋需要3小时，男式旅游鞋需要6小时。一般情况下，女式旅游鞋年生产10 000双以下，男式旅游鞋生产6 000双以下，销售量没有问题。2020年该厂有关生产和销售资料见表4-10。

表4-10　2020年有关资料

	女式旅游鞋	男式旅游鞋	合　计
生产和销售量（双）	8 000	5 000	
销售收入	600 000	600 000	1 200 000
销售成本：			
直接材料	280 000	200 000	480 000
直接人工	72 000	90 000	162 000
其他费用	72 000	150 000	222 000
小计	424 000	440 000	864 000
利润	176 000	160 000	336 000
销售利润率（%）	29.33	26.67	28

厂长认为生产女式旅游鞋利润率比较高，2021 年安排女式旅游鞋多生产 2 000 双，男式旅游鞋生产减少 1 000 双，鉴于 2020 年甲车间生产工人已经满负荷生产，所以 2021 年乙车间调一部分工人支援甲车间。2021 年年终有关生产和销售资料见表 4-11。

表 4-11　2021 年有关资料

	女式旅游鞋	男式旅游鞋	合　计
生产和销售量（双）	10 000	4 000	
销售收入	750 000	480 000	1 230 000
销售成本:			0
直接材料	350 000	160 000	510 000
直接人工	90 000	72 000	162 000
其他费用	84 000	144 000	228 000
小计	524 000	376 000	900 000
利润	226 000	104 000	330 000
销售利润率（%）	30.13%	21.67	26.83

对于这一结果，厂长大为吃惊，这两年成本的耗用水平并没有变化，为什么生产了利润高的女式旅游鞋，企业总利润和总的销售利润率反而低了呢？

测　试　题

一、单项选择题

1. 生产单一品种产品企业，保本销售额=（　　）。
   A. 保本销售量×单位利润
   B. 固定成本总额÷贡献毛益率
   C. 固定成本总额÷（单价−单位变动成本）
   D. 固定成本总额÷综合贡献毛益率
   E. 固定成本总额÷贡献毛益

2. 对于生产多品种产品的企业，综合保本销售额=固定成本总额÷（　　）。
   A. 单位贡献毛益　　　　　　　　　B. 贡献毛益率
   C. 单价−单位变动成本　　　　　　D. 综合贡献毛益率

3. 从保本图可知，对单一产品分析，（　　）。
   A. 单位变动成本越大，总成本斜线率越大，保本点越高
   B. 单位变动成本越大，总成本斜线率越小，保本点越高
   C. 单位变动成本越小，总成本斜线率越小，保本点越高
   D. 单位变动成本越小，总成本斜线率越大，保本点越低

4. 利润=（实际销售量−保本销售量）×（　　）。

A．贡献毛益率 B．单位利润
C．单位售价 D．单位贡献毛益

5．某企业只生产一种产品，单价6元，单位变动成本4元，单位销售和管理变动成本0.5元，销量为500件，则其产品贡献毛益为（ ）元。
A．650 B．750 C．850 D．950

6．下列因素中导致保本销售量上升的是（ ）。
A．销售量上升 B．产品单价下降
C．固定成本下降 D．产品单位变动成本下降

7．已知产品销售单价为24元，保本销售量为150件，销售额可达4 800元，则安全边际率为（ ）。
A．33.33% B．25% C．50% D．20%

8．在下列指标中，可据以判断企业经营安全程度的指标是（ ）。
A．保本量 B．贡献毛益 C．保本作业率 D．保本额

9．如果产品的单价与单位变动成本上升的百分率相同，其他因素不变，则保本销售量（ ）。
A．上升 B．下降 C．不变 D．不确定

10．在本量利分析中，必须假定产品成本的计算基础是（ ）。
A．完全成本法 B．变动成本法 C．吸收成本法 D．制造成本法

11．保本作业率与安全边际率之间的关系是（ ）。
A．两者相等 B．前者一般大于后者
C．后者一般大于前者 D．两者之和等于1

12．销售量不变，保本点越高，则能实现的利润（ ）。
A．越小 B．不变 C．越大 D．不一定

13．某企业只生产一种产品，月计划销售600件，单位变动成本6元，月固定成本1 000元，欲实现利润1 640元，则单价应为（ ）。
A．16.40 B．14.60 C．10.60 D．10.40

14．销售收入为20万元，贡献毛益率为60%，其变动成本总额为（ ）万元。
A．8 B．12 C．4 D．16

15．单价单独变动时，会使安全边际（ ）。
A．不变 B．不一定变动 C．同方向变动 D．反方向变动

16．下列因素单独变动时，不对保利点产生影响的是（ ）。
A．单价 B．目标利润 C．成本水平 D．销售量

17．某企业每月固定成本1 000元，单价10元，计划销售量600件，欲实现目标利润800元，则单位变动成本应为（ ）元。
A．10 B．9 C．8 D．7

18．在零部件自制或外购的决策中，如果零部件的需用量尚不确定，应当采用的决策方法是（ ）。
A．相关损益分析法 B．差别损益分析法

C. 相关成本分析法　　　　　　　　D. 成本无差别点法

19. 已知某企业尚有一定闲置设备台时，拟用于开发一种新产品，现有甲、乙两个品种可供选择。甲品种的单价为100元/件，单位变动成本为60元/件，单位产品台时消耗定额为2小时/件，此外，还需消耗A材料，其单耗定额为5千克/件；乙品种的单价为120元/个，单位变动成本为40元/个，单位产品台时消耗定额为8小时/个，A材料的单耗定额为4千克/个。假定A材料的供应不成问题，则该企业应开发（　　）。

　　A. 甲品种　　　　　　　　　　　B. 乙品种
　　C. 无法判断　　　　　　　　　　D. 甲品种与乙品种均不可开发

20. 已知某企业每年需用A零件2 000件，原由金工车间组织生产，年总成本为19 000元，其中，固定生产成本为7 000元。如果改从市场上采购，单价为8元，同时将剩余生产能力用于加工B零件，可节约外购成本2 000元，则该企业应该（　　）。

　　A. 自制，可节约1 000元成本　　　B. 自制，可节约2 000元成本
　　C. 自制，可节约3 000元成本　　　D. 外购，可节约3 000元成本

21. 企业去年生产某亏损产品的贡献边际为3 000元，固定成本是1 000元，假定今年其他条件不变，但生产该产品的设备可对外出租，一年的出租收入为（　　）元时，应停产该种产品。

　　A. 2 001　　B. 3 100　　C. 1 999　　D. 2 900

22. 在短期经营决策中，企业不接受特殊价格追加订货的原因是买方出价低于（　　）。

　　A. 正常价格　　　　　　　　　　B. 单位产品成本
　　C. 单位变动成本　　　　　　　　D. 单位固定成本

二、多项选择题

1. 下列两个指标之和为1的有（　　）。
　　A. 安全边际率与边际贡献率　　　B. 安全边际率与保本作业率
　　C. 保本作业率与变动成本率　　　D. 变动成本率与边际贡献率
　　E. 边际贡献率与保本作业率

2. 本量利分析的基本内容有（　　）。
　　A. 保本点分析　　B. 安全性分析　　C. 利润分析　　D. 成本分析
　　E. 保利点分析

3. 安全边际率=（　　）。
　　A. 安全边际量÷实际销售量　　　B. 保本销售量÷实际销售量
　　C. 安全边际额÷实际销售额　　　D. 保本销售额÷实际销售额
　　E. 安全边际量÷安全边际额

4. 从保本图可知（　　）。
　　A. 保本点右边，成本大于收入，是亏损区
　　B. 销售量一定的情况下，保本点越高，盈利区越大
　　C. 实际销售量超过保本点销售量部分即是安全边际
　　D. 在其他因素不变的情况，保本点越低，盈利面积越小
　　E. 安全边际越大，盈利面积越大

5. 边际贡献率的计算公式可表示为（　　）。
   A. 1-变动成本率　　　　　　　　　B. 边际贡献/销售收入
   C. 固定成本/保本销售量　　　　　　D. 固定成本/保本销售额
   E. 单位边际贡献/单价

6. 下列各项中，能够同时影响保本点、保利点及保利点的因素为（　　）。
   A. 单位边际贡献　　　　　　　　　B. 边际贡献率
   C. 固定成本总额　　　　　　　　　D. 目标利润
   E. 所得税税率

7. 在是否接受低价追加订货的决策中，如果发生了追加订货冲击正常任务的现象，就意味着（　　）。
   A. 不可能完全利用其绝对剩余生产能力来组织追加订货的生产
   B. 追加订货量大于正常订货量
   C. 追加订货量大于绝对剩余生产能力
   D. 因追加订货有特殊要求必须追加专属成本
   E. 会因此而带来机会成本

8. 下列各项中，属于短期生产经营决策的有（　　）。
   A. 亏损产品的决策　　　　　　　　B. 深加工的决策
   C. 生产工艺技术方案的决策　　　　D. 新建厂房的决策

9. 当剩余生产能力无法转移时，亏损产品不应停产的条件有（　　）。
   A. 该亏损产品的变动成本率大于1
   B. 该亏损产品的变动成本率小于1
   C. 该亏损产品的贡献边际大于零
   D. 该亏损产品的单位贡献边际大于零
   E. 该亏损产品的贡献边际率大于零

10. 当企业的剩余生产能力无法转移时，应不继续生产某亏损产品的条件之一是（　　）。
    A. 该产品的单价等于单位变动成本
    B. 该产品的单价小于单位变动成本
    C. 该产品的单位贡献边际大于零
    D. 该产品的变动成本率大于100%

11. 下列各种决策分析中，可按成本无差别点法做出决策结论的有（　　）。
    A. 亏损产品的决策　　　　　　　　B. 是否增产的决策
    C. 追加订货的决策　　　　　　　　D. 自制或外购的决策
    E. 生产工艺技术方案的决策

12. 下列各项中，属于进一步加工决策方案可能需要考虑的相关成本有（　　）。
    A. 加工成本　　B. 可分成本　　C. 机会成本　　D. 增量成本
    E. 专属成本

13. 万利达公司在下一年度准备生产一种新产品，现有三个相互独立的方案可供选择。公司根据市场调查，估计出每个项目在市场销路为最好、一般、最差三种不同情况下的边际贡献，有关资料见表4-12。

表 4-12　产品边际贡献

新产品项目	边际贡献（万元）		
	最好	一般	最差
甲产品	26	17	10
乙产品	28	15	14
丙产品	22	20	18

根据以上资料，判断以下决策依据正确的有（　　　）。

A．根据"小中取大法"，公司应选择开发丙产品
B．根据"大中取小法"，公司应选择开发乙产品
C．根据"大中取大法"，公司应选择开发乙产品
D．根据"大中取大法"，公司应选择开发甲产品

14．已知某电器公司单位产品成本数据如下：

直接材料100元
直接人工60元
变动制造费用40元
变动销售及管理费用25元
固定制造费用125元
固定销售及管理费用50元

根据以上数据，下列指标计算正确的有（　　　）。

A．完全成本法下的单位产品成本为325元
B．变动成本法下的单位产品成本为200元
C．单位的变动成本为225元
D．单位的产品总成本为400元

三、判断题

1．在进行本量利分析时，不需要任何假设条件。　　　　　　　　　　　　　　（　　）
2．贡献毛益首先用于补偿固定成本，之后如有剩余，才能为企业提供利润。（　　）
3．安全边际率与达到保本点作业率具有互补性质，如果安全边际率低，则达到保本点作业率高，其加总之和等于1。　　　　　　　　　　　　　　　　　　　　　　（　　）
4．在其他条件不变的情况下，固定成本总额越小，则保本点越低。　　　　　（　　）
5．若单位变动成本降低，则保利点会提高。　　　　　　　　　　　　　　　　（　　）
6．在其他条件不变时，销售量变动将使安全边际同方向变动。　　　　　　　（　　）
7．安全边际量和安全边际率都是反指标，其值越小越好。　　　　　　　　　（　　）
8．目标利润的变动，只会影响保本点，不会影响保利点。　　　　　　　　　（　　）
9．如果企业的销售量为零，则亏损额就是固定成本。　　　　　　　　　　　（　　）

10. 企业处于保本状态时，边际贡献一定等于固定成本。（　　）
11. 如果某一企业的保本销售量为10 000件，当它的销售量达到10 001件时，企业就会盈利，当销量为9 999件时，企业就会亏损。（　　）
12. 因为企业采用先进的生产工艺技术，可以提高劳动生产率，降低劳动强度，减少材料消耗，可能导致较低的单位变动成本，所以在不同生产工艺技术方案的决策中，应无条件选择先进的生产工艺技术方案。（　　）
13. 对于那些应当停止生产的亏损产品来说，不存在是否应当增产的问题。（　　）
14. 在"是否接受低价追加订货的决策"中，如果追加订货量大于剩余生产能力，必然会出现与冲击正常生产任务相联系的机会成本。（　　）
15. 在短期生产经营决策中，确定决策方案必须通盘考虑相关业务量、相关收入和相关成本等因素。（　　）

四、实训题

实　训　一

【目的】通过练习，掌握多品种生产情况下保本点的计算。

【资料】某公司生产甲、乙、丙三种产品，其固定成本总额为19 800元，三种产品的有关资料见表4-13。

表4-13　三种产品情况

品　种	销售单价（元）	销售量（件）	单位变动成本（元）
甲	2 000	60	1 600
乙	500	30	300
丙	1 000	65	700

【要求】
（1）采用加权平均法计算该公司的综合保本销售额及各产品的保本销售量。
（2）计算该公司营业利润。

实　训　二

【目的】通过练习，掌握本量利分析各指标的计算。

【资料】某企业产销A、B、C、D四种产品的有关资料见表4-14。

表4-14　四种产品情况

产品名称	销售数量	销售收入总额	变动成本总额	单位贡献边际	固定成本总额	利润（或亏损）
A	（1）	40 000	（2）	4	7 000	9 000
B	3 000	60 000	（3）	（4）	10 000	−1 000
C	1 000	60 000	20 000	（5）	9 000	（6）
D	5 000	（7）	25 000	4	（8）	6 000

【要求】计算填列表中用数字（1）、（2）、（3）、（4）、（5）、（6）、（7）、

（8）表示的项目。

实 训 三

【目的】通过练习，掌握差别损益分析法的运用。

【资料】某企业每年生产1 000件甲半成品。其单位完全生产成本为18元（其中单位固定性制造费用为2元），直接出售的价格为20元。企业目前已具备将80%的甲半成品深加工为乙产成品的能力，但每深加工一件甲半成品需要追加5元变动性加工成本。乙产成品的单价为30元。假定乙产成品的废品率为1%。

【要求】请考虑以下不相关的情况，用差别损益分析法为企业做出是否深加工甲半成品的决策，并说明理由。

（1）深加工能力无法转移。

（2）深加工能力可用于承揽零星加工业务，预计可获得边际贡献4 000元。

（3）同（1），如果追加投入5 000元专属成本，可使深加工能力达到100%，并使废品率降低为零。

实 训 四

【目的】通过练习，掌握相关成本分析法的计算分析。

【资料】某企业每年需用A零件2 000件，原由金工车间组织生产，年总成本为19 000元，其中，固定生产成本为7 000元。如果改从市场上采购，单价为8元，同时将剩余生产能力用于加工B零件，可节约外购成本2 000元。

【要求】为企业做出自制或外购A零件的决策，并说明理由。

实 训 五

【目的】通过练习，掌握相关成本分析法的计算分析。

【资料】某企业常年生产需用的B部件以前一直从市场上采购，已知采购量在5 000件以下时，单价为8元/件；达到或超过5 000件时，单价为7元/件。如果追加投入12 000元专属成本，就可以自行制造该部件，预计单位变动成本为5元/件。

【要求】用成本无差别点为企业做出自制或外购B部件的决策，并说明理由。

参 考 文 献

[1] 刘永泽,陈文铭. 会计学[M]. 6版. 大连:东北财经大学出版社,2018.
[2] 刘峰,潘琰,林斌. 会计学基础[M]. 4版. 北京:高等教育出版社,2018.
[3] 潘飞. 管理会计[M]. 4版. 上海:上海财经大学出版社,2019.
[4] 胡玉明. 会计学:非专业用[M]. 2版. 北京:中国人民大学出版社,2016.
[5] 张忠慧,王颖弛. 管理会计[M]. 北京:中国电力出版社,2010.
[6] 王远湘,吴晓燕. 财务报表分析[M]. 2版. 北京:北京交通大学出版社,2018.
[7] 景诚,郭贤. 基础会计实务[M]. 南京:南京大学出版社,2011.
[8] 陈锷. 会计基础与应用[M]. 北京:经济科学出版社,2011.
[9] 夏冬林,秦玉熙. 会计学:原理与方法[M]. 3版. 北京:中国人民大学出版社,2019.
[10] 周华. 会计学[M]. 3版. 北京:中国人民大学出版社,2019.
[11] 李莉. 财务报表分析[M]. 2版. 北京:人民邮电出版社,2017.